AI와 책임

AI문고

인공지능 시대입니다. 기계가 인간의 인지를 대신하고, 사물이 인간을 통하지 않고 다른 사물과 직접 커뮤니케이션합니다. 이에 따른 인간 삶과 문명 변화를 정확히 이해·예측·대응하는 것은 이 시대 우리 모두의 과제입니다. AI문고는 인공지능 기술과 환경의 여러 주제를 10가지 키워드로 정리합니다. 관련 개념과 이론, 학계와 산업계의 쟁점, 우리 일상의 변화를 다룹니다. 인간과 기술의 현재, 미래를 세심히 분석합니다.

일러두기

- 인명, 작품명, 저서명, 개념어 등은 한글과 함께 괄호 안에 해당 국가의 원어를 병기했습니다.
- 외래어 표기는 현행 어문규정의 외래어표기법을 따랐습니다. 다만 '딥러닝', '딥마인드', '딥페이크' 등은 관행을 따랐습니다.
- 이 책은 저자가 2023년 ≪법경제학연구≫ 제20권 제1호에 게재한 논문 "인공지능과 책임 공백에 관한 법경제학적 연구: 소비재로서 자동화 기술의 대중화가 초래하는 변화에 관한 분석을 중심으로"를 수정·발전시킨 것입니다. 덧붙여, 책의 내용은 소속 기관들의 공식적 견해와 어떤 관련도 없음을 밝힙니다.

처음이세요?

전문가세요?

AI와 책임

정해빈

대한민국; 서울, 커뮤니케이션북스, 2024

AI와 책임

지은이 정해빈
펴낸이 박영률

초판 1쇄 펴낸날 2024년 9월 10일

커뮤니케이션북스(주)
출판 등록 2007년 8월 17일 제313-2007-000166호
02880 서울시 성북구 성북로 5-11
전화(02) 7474 001, 팩스(02) 736 5047
commbooks@commbooks.com
www.commbooks.com

ISBN 979-11-288-9472-5 03500

책값은 뒤표지에 표시되어 있습니다.

차례

AI와 책임 공백

오늘날 AI는 특정 분야의 제한된 혁신에 그치는 기술을 넘어, 경제와 산업 전반에 넓은 영향을 끼치는 범용 기술(general-purpose technology)이 되었다(Crafts, 2021). 이에 전기, 항공, 통신 등 앞선 범용 기술들처럼 AI 기술의 표준을 관리하기 위해 국제적으로 통합된 규범 체계로서 AI 거버넌스를 수립하려는 움직임이 일어나고 있다. 이 중요한 거버넌스의 수립에는 정책 결정자뿐만 아니라 일반 시민의 이해 역시 높아질 필요가 있다. 이 책은 AI 거버넌스에 관련된 주제의 하나로 AI와 책임의 문제를 다룬다. 주제 범위의 선언이 다소 광활하게 느껴지더라도 두려워할 일은 아니다. 오늘날 AI와 책임이라는 주제의 한가운데에는 책임 공백(responsibility gap, 또는 liability gap)이라는 거대한 소용돌이가 휘몰아치고 있으므로, 그 역사와 구조를 이해하면 주제 전체의 전반적 이해를 쉽게 증진할 수 있기 때문이다.

본래 책임 공백이란 문언 그대로 책임의 소재가 모호한 상황을 일컫는 뜻을 지닌 단어로 AI 관련 사안에 국한

되어 쓰이는 용어는 아니었다. 그러나 2000년대 들어 AI 기술을 둘러싼 책임 공백에 관한 논의가 본격화하면서 관련 분야에서 활발히 쓰이게 되었다(박의연, 2023).

그러므로 책임 공백이라는 소용돌이에 함께 직접 휘말려 들어가 그 흡인력을 느껴 보는 것은 이야기를 시작하기에 좋은 방법이라고 할 수 있다. 이를테면 이런 질문으로 이 책의 논의를 출발할 수 있다. "AI의 오작동으로 발생한 사고는 누가 책임져야 하는가?"

인간을 닮은 자율적 로봇이라는 공상

천재지변이 발생했다는 사실만으로 책임을 추궁하는 주술적 관념이나, 범법자의 혈족이라는 사실만으로 무한히 책임을 지우는 연좌제와 달리, 근대적 책임법제는 손해배상을 묻는 민사책임과 형벌을 지우는 형사책임 모두에서 개인에게 책임을 물을 수 있는 근거를 비난 가능한 행위로 한정한다는 특징이 있는데, 그 중심에는 인간의 자유의지가 자리하고 있다(양천수, 2022).

인간이 스스로의 자유의지에 따라 의도적으로 타인에게 피해를 입혔거나, 또는 타인의 피해를 미리 예견하고 회피할 수 있었음에도 회피하지 않아 그러한 결과가 발생하게 만드는 등, 결과에 대한 의도 내지는 예견이나 회피 가능성이 인정되는 경우에 한해 책임을 묻도록 제도가 발전한 것이다. 자유의지에 따른 의도가 인정되는 사안에서 의도는 흔히 '고의'라고 칭해지며, 의도는 없었으나 예견이나 회피 가능성이 인정됨에도 마땅히 해야 할 주의 의무를 다하지 않은 것은 '과실'이라고 일컫는다.

따라서 자유의지에 따른 의도와 예견 · 회피 가능성은 근대 법치 사회에서 법적, 도덕적 책임의 소재를 판단할 때 원칙적으로 검토되어야 하는 주요 기준이다. 그런데 AI 기술은 여기에 정면으로 도전하는 속성인 '자율성'을 갖고 있다는 점에서 흥미로운 논의의 대상이 되어 왔다.

자율적 로봇이 책임 공백을 일으킨다는 주장은 기본적으로 다음과 같은 논리에 뿌리를 두고 있다. 인간이 자율적 로봇에게 무언가를 지시했더라도, 로봇이 그 지시에 따라 어떻게 작동할 것인지는 아무도 정확히 예측할 수 없다. 따라서 로봇이 이용자가 의도하지 않은 어떤 작동을 함으로써 다른 인간에게 피해를 주는 결과를 초래했다고 하더라도, 자율적 로봇이 그렇게 작동할 것이라고는 누구도 예견할 수 없었다. 그렇다면 문제된 로봇의 이용자는 결과의 예견 가능성이 있다고 할 수 없고 따라서 이를 통제해 회피할 수 있는 가능성도 없으므로, 그에게 책임을 지울 근거가 없다.

이 논리는 자율적 로봇의 이용자뿐만 아니라 제작자를 비롯한 다른 모든 사람들에게도 동일하게 적용될 수 있다. 자율적 로봇은 완성되어 스스로 작동할 시점에 이미 제작자가 온전히 예측할 수 있는 범주를 벗어난 것이기 때문이다. 제작자 또한 다른 누구와도 마찬가지로 로봇의 작동을 완전히 예견할 수 없었을 것이므로, 그에게도 역시 예견 · 회피 가능성을 인정할 수 없는바, 책임을 지울 수도 없다.

인간이 의도하지 않은 로봇의 작동으로 아무런 잘못 없는 제3자가 피해를 입는 불행한 결과가 발생한 상황에서, 단지 로봇이 '자율적'이라고 가정하는 것만으로, 관련된 어떤 인간에게도 책임을 부여할 법적 근거를 찾기 어려워진다는 당황스러운 결론을 어떻게 받아들여야 할 것인가? 이와 같은 혼란의 두려움을 축약하는 상징적 개념어가 바로 '책임 공백'이다. AI 기술의 자율성은 근대적 책임 제도에 규범의 진공 상태를 일으켜, 관련 사고가 발생하더라도 아무도 책임을 지지 않는 공백을 유발할 우려가 있다는 것이다(김상득, 2023).

위와 같이 AI의 자율성이 유발한 책임 공백의 문제는 어떻게 해결할 수 있는가? 자율적 AI에게 '법인격' 내지는 '의제인격'을 인정하면 책임 공백이 해소될 것이라는 견해는 아마도 이 분야에서 가장 오랫동안 유명세를 누려온 담론일 것이다. 'AI 의제인격 도입론'으로 요약될 수 있는 이 주장은, 당연하게도 AI 관련 사고에서는 AI 그 자체를 대상으로 일차적 책임을 물어야 한다는 발상에 기초하고 있다(김진우, 2019).

인간을 닮은 AI와 의제인격

인간이 내린 지시로 의도치 않은 사고가 발생했을 때, 지시를 받은 존재가 평범한 인간인 경우와 자율적 로봇인 경우를 비교해 보자. 인간 철수가 다른 인간 영희에게 어떤 지시를 했는데, 영희가 그와 다른 행동을 해 제3자에게 피해를 줬다면 책임 공백이 발생하지 않는다. 자유의지를 지닌 보통의 인간으로서 영희가 자신의 행동에 일차적 책임을 지기 때문이다. 반면 인간이 자율적 로봇에게 지시를 했으나 로봇이 그와 다른 행동을 함으로써 제3자가 피해를 입는 사고가 발생했다면, 책임 공백이 발생한다. 현행 법제도는 민사와 형사 모두에서 책임을 부담할 수 있는 법적 능력이 있는 인간에게만 책임을 지우고 있기 때문이다.

AI 의제인격 도입론자들은 위와 같은 인간과 로봇의 차이가 부당하다는 직관적 인식에 강한 영향을 받고 있다. 이른바 '강(强) 인공지능' 등으로 분류될 수 있는 자율적 지능을 지닌 수준의 로봇들은 자유의지가 있는 인간과 동등하거나 부분적으로라도 유사한 존재라고 볼 수 있다. 그럼에도 이들이 인간이 아니라는 이유만으로 책임에서 벗어나는 것은 납득하기 어렵다는 일종의 도덕적 관념이 그들 논리의 기저에 자리하고 있는 셈이다.

의제인격 도입론은 위와 같은 직관적인 정의 관념에 부합할 뿐만 아니라 법리상으로도 간명하다는 장점 또한 지니고 있다. 책임 공백을 해결하기 위해 AI에 새로운 법적 지위를 창설할 뿐, 현행 책임법제의 다른 부분에는 거의 변화를 주지 않기 때문이다. 인간이 아님에도 일정한 범위에서 제한된 책임을 지는 사단법인 등의 법인격 개념이 이미 제도적으로 존재하며 문제없이 작동하고 있다는 사실은, 의제인격 도입론을 북돋운다.

그러나 현행 법인격 제도는 회사 또는 재단 등 인간이 결성한 단체를 주로 다루고 있는 만큼, AI 의제인격 제도의 현실성에는 상당한 의문이 있다. 예를 들어 대중문화에서 흔히 그려지는 로봇과 달리, 현실에서 AI는 특정한 물리적 실체에 종속되기만 하는 존재가 아니므로 의제인격을 부여할 단위의 기준을 세우는 작업은 전례 없이 복잡한 문제를 야기할 수 있다(장호준, 2023).

또한 의제인격을 부여할 단위를 정하는 데 성공하더라도, 배상책임이나 형벌 등 책임에 따른 제재를 이행할 기초로서 경제적 자산 등을 AI가 어떻게 형성하고 유지할 것인지, 나아가 AI 의제인격이 지는 일차적 책임과 제작자 또는 이용자가 부담하는 이차적 책임의 관계를 어떻게 구성해야 할 것인지의 문제 등은 복잡한 정책적 고려 사항들을 수반할 수 있다(박도현, 2019).

무엇보다도 의제인격 도입론이 기반을 두고 있는 도덕적 직관은, AI와 자율성을 사실상 동일한 개념처럼 취급하는 구시대적 인식을 전제하고 있다는 근본 문제가 있다. 뛰어난 AI라고 해서 반드시 인간의 자유의지와 동등한 자율성을 지니고 있거나 작동의 예견 가능성이 전적으로 제한된다는 결론이 곧장 도출되는 것은 아님에도, 의제인격 도입론은 AI와 자율성 및 자유의지의 개념을 뭉뚱그려 취급해 논의를 엉뚱한 방향으로 이끌고 있는 것이다(김건우, 2023).

이 구시대적 인식의 밑바탕에는 마치 컴퓨터공학자 앨런 튜링(Alan Turing)이 1950년대에 제시한 튜링 테스트처럼, 인간의 지적 활동에 비추어 AI를 규정하는 고전적 개념 정의가 깔려 있다. 이 논리구조에서는 자율성, 자유의지 또는 지능이라는 개념의 구체화된 정의가 빠져 있으며, 그 대신 어떤 기술이 마치 인간처럼 기능하고 있으면 그것을 AI라 부를 수 있다는 단순한 판단 기준만이 존재한다.

그러나 오늘날 뇌과학 등 인간 지능의 연구는 기술적 어려움으로 아직 인간 스스로 어떻게 사고하는지를 명확히 파악하지 못하고 있으므로, 인간을 기준으로 지능이나 자율성 등을 개념적으로 정의하려는 시도는 정체에 빠져 있다. 따라서 항공 공학자들이 독수리처럼 날아다니는 비행기의 설계를 목표로 삼지 않듯이, 현대 AI 기술은 인간과의 유사성을 기준으로 AI의 성취를 판단하는 고전적 평가 기준에서 벗어나, 주어진 문제를 해결하는 능력의 고도화를 목표로 삼고 있다. 오늘날 AI에 관해 가장 널리 쓰이는 개념 정의는 최선의 결과를 내게 행동하는 '합리적 에이전트(rational agent)'가 AI라는 것이다(고학수 외, 2019).

그러므로 어떤 AI가 문제 해결에서 인간과 비슷하거나 더 나은 성과를 보이고 있더라도, 그러한 사실만으로 AI에게 인간의 자유의지와 같은 자율성이 있다거나, 그 인간적 자율성으로 AI의 작동을 예견할 수는 없다는 등의 결론이 곧바로 도출되지는 않는다(이상헌, 2023).

반면 의제인격 도입론이 기반을 두고 있는 고전적 책

임 공백 담론에서 인간을 닮았다는 것은 자율적이고 예측할 수 없다는 것을 의미한다. 그러므로 AI 의제인격 도입론은 AI가 무엇인지에 대한 전제 또는 개념 정의가 사실상 결론을 좌우하는 논리구조를 지니고 있다. 결국 자율성이 책임 공백을 초래한다는 문제의식은 불필요할 정도로 과도한 주목을 받아온 쟁점으로 현실적으로는 중요한 문제가 되지 않을 가능성이 높다(Königs, 2022).

따라서 고전적 책임 공백 담론과 의제인격 도입론은 같은 논리구조에 터 잡은 학문적 쌍둥이로서, AI 거버넌스의 수립에 도움 되는 정책적 논의가 아니라, AI라는 기술적 상상력을 소재로 삼아 지능이나 자유의지 등 인간이란 무엇인지를 돌이켜 성찰해 보는 논의로서 지성사적 의미만을 지니게 된다. 따라서 이들은 오늘날 AI 거버넌스 수립이라는 현실적 정책 논의를 둘러싸고 설 자리를 찾지 못하고 있으며 전망 역시 어둡다.

실제로 의제인격 도입론은 2020년대에 유럽연합 '인공지능법' 제정 과정에서 잠시 공론화되었다가 최종 배척되었는데, 이는 해당 견해가 지니는 유명세와 한계를 상징적으로 보여 주는 사례다(송호영, 2021).

복잡성과 현대형 소송

의제인격 도입론의 좌초에도 책임 공백의 우려는 쉽게 수그러들지 않는데, 이는 AI의 기술적 '복잡성' 또는 '불투명성'에서 책임 공백이 발생할 수 있다는 또 다른 갈래의 견해가 상당한 지지를 받고 있기 때문이다(이해원, 2021).

이 견해는 AI의 결함이나 오작동으로 사고가 발생하면 당연히 제조업자가 책임을 져야 하는데, AI는 기술적으로 복잡하고 불투명해 결함 등의 사실관계를 소송에서 입증하기 어려우므로 제조업자가 책임에서 도망갈 우려가 있다는 문제의식에 기반을 두고 있다.

그러므로 이 견해를 지지하는 연구자들은 AI가 동작에 이르는 과정의 투명성을 높이고 왜 그러한 동작에 이르렀는지를 평범한 인간도 이해할 수 있게 하는 설명 가능성을 보장하자거나, 제작자에게 소송상 입증 책임을 전환하는 방법 또는 아예 과실 유무를 따지지 않는 일명 '무과실책임'을 새롭게 입법해 일차적으로 제작자에게 부담시키자는 방법 등을 책임 공백의 해결책으로 거론하고 있다(김진아, 2022).

그런데 복잡하고 불투명한 기술이 사회에 초래한 부정적 영향을 소송에서 입증하기 어려우므로 기업이 책임에서 부당하게 벗어날지도 모른다는 우려는 AI에 관해 새롭게 등장한 문제의식이 아니다. 환경오염 또는 복잡한 제조물의 결함처럼, 일반인이 파악하기 어려운 복잡한 기술적 사실관계를 지니는 '현대형 소송'들에서는 대개 일반인에 해당하는 원고의 역량이 상대방인 기업에 비해 부족할 뿐만 아니라 사실관계의 상당 부분이 기업의 영업비밀로 보호되므로, 일반인에 해당하는 피해자들의 권리 보호에 어려움이 발생하기 마련이다(백경희 · 이인재, 2012).

그러므로 현대형 소송에서는 원고들에게 요구되는 입증의 기준을 완화하거나, 일정한 조건 아래에서는 피고에게 입증 책임을 전환시켜 버리거나, 또는 영업 비밀에 해당할 수 있는 자료일지라도 일반에 공개하거나 또는 소송 중 법원에 제출하도록 요구함으로써 잠재적 피해자들의 권리 보장을 촉진하려는 제도적 특례들이 속속들이 도입되어 왔다. 이에 해당하는 대표 사례로는 어떤 제조물의 안전상 결함 유무의 입증 기준을 특별히 완화하거나 전환시키는 제조물 책임 제도를 들 수 있다(권오상, 2023).

이처럼 AI의 설명 가능성과 투명성을 보장해야 하거나, AI 작동 중 사고가 발생했다면 우선 일차적으로 AI

제조 회사에 무과실 책임을 지운 다음 결함 유무 등은 차차 소송에서 규명해 시시비비를 가리자는 등의 견해들은, 현대형 소송에서의 제도적 특례들을 AI에 도입하자는 발상에서 전개되는 주장이라 볼 수 있다.

그러나 현대형 소송의 특례들은 영업 비밀의 보호 등 경제적 자유와 시장 경쟁을 크게 제약하는 수단이므로, 신체의 안전이나 차별 금지 등 압도적 공익이 인정되는 구체적 맥락에서만 정당화할 수 있고, 단지 특정 형식의 기술과 관련해 발생한 사고라는 이유만으로 적용이 광범위하게 용인되기는 어렵다.

규제의 논리와 AI 거버넌스

현대형 소송의 특례들을 도입하자는 견해의 보다 심층적 문제점은 그것이 AI 기술과 사회의 상호작용을 고려하지 않은, 규격화된 논리라는 점에 있다. 현대형 소송에 대한 고민들은 대개는 현대 과학기술에서 공통적으로 추출될 수 있는 복잡성이라는 관념에서 유래한 것이므로 항공 드론, 암호 화폐, 유전공학 등 새로운 기술에 따르는 위험이 존재한다면 어느 때나 무차별적으로 적용될 수 있는 규제논리에 지나지 않는 것이다.

따라서 이 견해는 분야별로 AI 기술의 상용화되는 구

체적 양태에 초점을 맞춘 AI 거버넌스의 수립을 목표로 삼기보다 산업재해, 환경오염, 차별 금지, 제조물 안전 등 이미 조밀하게 나뉜 규제들의 집합에서 그저 어떤 상상 속의 단일한 'AI 기술'이 벗어나지 못하게 고삐를 강화하려는 모습을 보이게 될 뿐이다.

그러나 범용기술로서의 AI는 이미 한 가지 정형화한 모델로서 상용화 형태나 구현방법을 정리할 수 없을 정도로 대중화되어 수없이 많은 이용 형태가 만개하고 있다. 이처럼 AI의 이질적 발전 경로들을 등한시한 채 단지 하나의 추상화한 AI 기술 개념을 떠올리며 오직 하나의 정부부처가 총괄하는 포괄적 AI 규제법이 만들어져야 한다는 주장은 타당성이 떨어진다(박상철, 2024).

2024년에 통과된 유럽연합의 인공지능법(EU AI Act)에 등장하는 '고위험 AI' 등의 개념은 규격화된 규제 논리로 AI 기술을 재단하는 전형적 사례라고 할 수 있다(남구현, 2023). 유럽연합이 기존에 실시하고 있는 조밀한 규제 체계에 AI 기술을 쪼개어 맞춘 다음, 그것에 AI 거버넌스라는 미명을 붙여 제시해 전 세계에 유럽식 규제 체계를 전파하려는 모습을 보이고 있는 셈이다.

그러나 이는 AI 산업에서 국제적 경쟁력이 떨어지는 유럽연합이 이를 무마하기 위해 규제를 도구로 삼아 경쟁의 장을 평탄화하려는 시도에 가까우므로, 상대적으로 경쟁력이 높은 한국에 이를 무비판적으로 이식하는 것에는 주의를 기울일 필요가 있다(고학수 외, 2021).

오늘날 세계 AI 거버넌스의 수립을 둘러싸고 절실하게 요청되는 가치 중 하나는 규범의 파편화를 넘어서는 세계적 상호 운용성에 있으며 이에는 AI 기술의 심도 있는 고찰이 필요하다. 국경 없이 돌아다니는 것은 각 나라별로 다른 기존 규제 체계의 집합 내지는 거버넌스가 아니라 AI 기술이기 때문이다.

그러므로 AI 거버넌스를 진정으로 균형 있게 수립하려면, 기존 규범 체계가 지닌 프레임을 그대로 유지한 상태에서 공상과학적으로 상상된 AI 기술의 몇몇 특징을 그곳에다 끼워 맞추는 것이 아니라, AI 기술과 사회가 서로 영향을 주고받는 사회경제적 과정을 전체적으로 살펴볼 필요가 있다(Santoni de Sio & Mecacci, 2021).

이러한 목표를 달성하기 위해서는 무엇보다도 AI를 인간에 빗대어 이해해 로봇이 인간을 '대체'한다는 식의 AI와 자동화를 둘러싼 오래된 편견에서 벗어날 필요가 있다. 이 오래된 편견에 관한 이야기는 AI 발전의 역사에서 중요한 전환점을 이루는 1980년대의 AI 겨울(AI winter)을 돌아보는 것에서 출발한다.

참고문헌

고학수 외(2021). 유럽연합 인공지능법안의 개요 및 대응방안. ≪DAIG≫ 2021(2), 10 - 29쪽.

고학수 외(2019). 인공지능과 차별. ≪저스티스≫, 171, 199 - 277쪽.

권오상(2023). 피해자 보호를 위한 제조물책임법 개선안 연구 -피해자 증명책임의 경감과 미국 증거개시제도의 도입을 중심으로-. ≪법학논총≫, 57, 1 - 31쪽.

김건우(2023). 인공지능 법인격 논쟁 다시 보기 - 철학적 분석 -. ≪법철학연구≫, 26(3), 205 - 246쪽.

김상득(2023). AI 로봇의 도덕적 책임에 관한 윤리학적 연구. ≪동서철학연구≫, 107, 257 - 286쪽.

김진아(2022). 과실책임에 의한 인공지능 오류사고 규율가능성. ≪고려법학≫, 105, 81 - 127쪽.

김진우(2019). 인공지능에 대한 전자인 제도 도입의 필요성과 실현방안에 관한 고찰. ≪저스티스≫, 171, 5 - 48쪽.

남구현(2023). 인공지능 규율에 있어 위험기반 접근 방식의 적합성 고찰. ≪법학논총≫, 184, 83 - 118쪽.

박도현(2019). 인공지능과 자율성의 역학관계. ≪홍익법학≫, 20(3), 501 - 538쪽.

박상철(2024). 인공지능의 법적 규율 Ⅰ: 범용모델과 생성모델. ≪서울대학교 법학≫, 65(1), 65 - 124쪽.

박의연(2023). 분산된 집합의 책임 공백과 미래지향적 책임. ≪범한철학≫, 108(봄), 125 - 156쪽.

백경희 · 이인재(2012). 의료과실책임과 유해물질 제조물책임에서의 인과관계에 관한 최근 판결의 동향 및 증명책임 경감 논의에 대한 검토. ≪경희법학≫, 47(3), 9 - 41쪽.

송호영(2021). 인공지능 로봇은 법인격을 가질 수 있는가?. ≪저스티스≫, 184, 83 - 118쪽.

양천수(2022). 『책임과 법』. 박영사.

이상헌(2023). '인공지능의 책임' 쟁점에 대한 비판적 고찰. ≪신학과철학≫, 45, 95 - 118쪽.

이해원(2021). 인공지능과 제조물책임. ≪정보법학≫, 25(2), 69 - 101쪽.

장호준(2023). 인공지능에 대한 법인격 부여에 관한 소고(小考) - 민사법적·인간 중심적 관점에 국한해. ≪사법≫, 63, 243 - 285쪽.

Crafts, N.(2021). Artificial Intelligence as a general-purpose technology: an historical perspective. *Oxford Review of Economic Policy*, 37(3), pp.521 - 536.

Königs, P.(2022). Artificial intelligence and responsibility gaps: what is the problem?. *Ethics and Information Technology*, 24, article number 36.

Santoni de Sio, F. & Mecacci, G.(2021). Four responsibility gaps with artificial intelligence: why they matter and how to address them. *Philosophy & Technology*, 34(4), pp.1057 - 1084.

01
1980년대의 AI와 책임

1970년대 말부터 1990년대 초반까지
AI 기술은 '전문가 시스템'이라는 명칭으로
본격적 상용화를 구가하며
책임 공백의 우려를 불러일으켰다.
당대 연구들은 제조업자에게 제조물 책임을
묻는 것이 불가능하지 않으나,
장기적으로는 과실을 따지지 않는
엄격 책임을 도입해야 한다는 결론에 이르렀다.
책임 공백에 대한 고찰의 논리구조는
그때에서 크게 변한 것이 없다.

AI와 1인 창업?

AI 상용화의 첫 역사

AI가 일명 '딥러닝'이라 불리는 기계 학습 기법상의 혁신으로 말미암아 2010년대부터 현격히 대중적 명성을 얻은 것은 사실이지만, 그전까지 AI 기술이 오로지 연구실 안에서만 머물러 있었던 것은 아니며, 시장에서도 역사를 써 왔다.

시장에서 AI 기술이 써 온 역사의 한 단면으로서, AI를 상용화하려 했던 1980년대의 시도와 추락은 AI의 사회경제사로서 자세하게 검토할 가치가 있다. 당대의 상용화 시도가 어떻게 추동된 것이고 왜 AI 겨울이라는 실패로 귀결되었는지 이해하기 위해서는 AI 기술과 함께 당대의 사회경제적 배경을 살펴보아야 한다.

관념으로서 AI는 다양한 기원을 지니고 있으나, 현대적 의미에서 AI 개발은 1950년대에 컴퓨터 공학이 새로운 전기를 맞이할 때 비로소 태동했다고 볼 수 있다. 컴퓨터 공학의 급속한 발전에 힘입어, 당대의 컴퓨터 공학자들은 모든 종류의 문제 해결에 활용할 수 있는 범용 문제 해결 능력을 지닌 AI 개발이 가능하다고 믿고, 이를 목표로 연구를 시작했다. 그러나 당대에 범용 AI를 현실적으로 구현하기에는, 어떤 기술적 방법을 채택하더라도, 당시의 컴퓨터가 지닌 연산 능력이 부족하다는 한계가 명백했다.

결국 1970년대에 이르러 연구자들은 범용 AI가 아니라 한정된 분야에서 효과적인 성능을 낼 수 있는 AI의 개념인 '전문가 시스템(expert ststem)'이라는 기획으로 방향을 전환했는데, 이는 1970년대에서 1990년대에 이르는 약 10년 남짓한 시기 동안 기업 시장에서 큰 성공을 거두게 된다.

전문가 시스템의 첫 번영기를 상징하는 여러 프로그램들이 있지만, 그중 상업적으로 가장 유명세를 거둔 것은 'XCON'이다(Sviokla, 1990). 전산 장비 업체 디지털이큅먼트코퍼레이션(Digital Equipment Corporation)이 영업·재고 관리를 체계화하기 위해 내부적으로 개발하여 1973년에 도입한 이 시스템은 상당한 비용 절감 효과가 있었는데, 1980년에서 1985년 사이에만 약 1800만 달러 상당의 비용을 절감한 것으로 알려졌다(Leonard-Barton & Sviokla, 1988).

XCON의 비용 절감 효과에 주목한 기업들이 전문가 시스템을 발주하기 시작하자, 시스템 개발 회사들도 호황을 누리게 되었다. 1981년이 되면 저명한 공학자 에드워드 파이겐바움(Edward A. Feigenbaum)을 비롯한 여러 공학자들이 전문가 시스템을 개발하는 기업을 세우기에 이른다. 이렇게 세워진 테크놀리지(Teknowledge)는 유전 탐사에서 제조 공정 최적화에 이르는 온갖 분야의 전문가 시스템 구축을 건당 수십만 달러 상당의 가격에 수행했다. 테크놀리지는 1983년 한 해에만 200만 달러의 매출을 올렸고, 이듬해에는 제너럴모터스에서 300만 달러를 투자받았다(New York Times, 1984).

전문가 시스템의 법학적 유산

1980년대에 전문가 시스템이 누린 호황은 법률가들이 AI와 책임의 문제를 처음으로 진지하게 현실의 법률 문제로서 검토하는 계기가 되었다.

당대의 전문가 시스템은 어떤 분야의 전문적 지식에 관한 질문이 제시되면 답변을 스스로 제시할 수 있도록, 그 분야의 전문 지식을 구조화한 규칙들의 형태로 미리 정리해 시스템에 탑재한 다음, 질문이 입력되면 규칙들의 관계를 규정하는 추론 엔진으로 규칙에 따른 답변이 자동 산출되게 만드는 지식 베이스 형태의 기술로 구현된 AI였다(Mykytyn, et al., 1990).

이는 우리가 오늘날 검색 엔진 또는 챗봇이라 부르는, 인간의 언어로 된 키워드를 입력하면 시스템이 그에 맞는 적절한 답변을 산출하는 기술의 초기 형태라고 할 수 있다. 그런데 이러한 초기 단계의 전문가 시스템이 산업 현장에서 책임 공백을 일으킬 수도 있다는 문제의식이 당대의 법률가들에게 널리 퍼져 있었다는 사실은 대단히 흥미로운 일이다. 말하자면, 전문가 시스템이라는 AI 역시 이용자의 손을 떠나 자율적으로 결론을 내리는 것처럼 보였으며, 추론 엔진의 의사결정 과정은 복잡하고 불투명한 것처럼 보였기 때문이다(Elizabeth & Gray, 1987).

이에 1990년대 초에 이르면 법률가들 사이에서는 AI인 전문가 시스템의 자율성 또는 복잡성으로 책임 공백이 발생할지도 모른다는 고민들이 등장하기 시작한다(Gerstner, 1993). 다만 당대의 법률가들이 보기에도 1980년대에 10년 동안 상용화된 전문가 시스템들은 인간 수준의 성과를 내는 정도는 아니었으므로, 의제 인격 도입론은 그때도 현실적 대안으로 취급받지 못했다(Cannataci, 1989).

대신 그들은 AI 제조업체에게 제조물 책임을 적극적으로 추궁하는 방향으로 법리가 해석되어야 한다거나(Cole, 1990), 제조업체에게 과실을 따지지 않는 엄격 책임을 입법하는 정책이 필요하다는 등의 주장에 이르렀다(O'Donnell, 1990). 이 거친 주장들은 전문가 시스템의 제조업체에게 확실하게 일차적 책임을 추궁할 수 있게 되면, 책임의 소재가 불분명하다는 불확실성이 제거되어 전문가 시스템 산업이 더욱 부흥할 것이라는 논리로 뒷받침되곤 했다(Mortimer, 1989).

책임 공백 담론에서 출발한 논의들이 보이는 모습이 그때나 지금이나 별반 다를 바 없다는 점은, 그 담론이 사실은 AI 기술에 대한 정책 수립에 집중하는 현실적 고찰이 아니라 자율성, 불투명성 등의 이런저런 추상화한 개념항들을 AI라는 상상 속의 관념에서 추출해 낸 다음, 이를 자유의지나 책임성에 관한 오래된 수수께끼들에 빠뜨려 사상시키는 고식적 사고 실험의 한 갈래에 지나지 않음을 간접적으로 드러낸다.

유산의 행방

이 흥미진진한 1990년대 법학계의 논의는 아쉽게도, 또는 다행히도, 당대의 일반적 AI 거버넌스를 수립하자는 운동으로 이어지지 못한 채 갑작스레 공론장에서 자취를 감추었다. 1980년대 말 시작된 AI 겨울이 전문가 시스템을 시장에서 순식간에 몰아내고 있었기 때문이다.

냉전이 끝나며 정부의 군사적 AI 연구 지원이 줄어든 것도 충격이었지만, 상용 전문가 시스템을 판매하는 회사들의 매출까지 전반적으로 감소한 것은 의미심장한 일이었다. 1980년대 말부터 전문가 시스템 산업은 침체에 빠져들었다(Gill, 1995).

혹독한 AI 겨울이 시작되면서, AI과 책임에 관한 1990년대 미국 법률가들의 선구적 논의들도 학계에서 함께 자취를 감추었다. 상용화한 AI 기술의 첫 번째 황금기를 몰아내고 그 자리를 대신한 것은 개인용 컴퓨터와 워드프로세서, 그리고 PC통신과 인터넷의 발전에 힘입은 닷컴버블이었다.

참고문헌

Cannataci, J.(1989). Law, liability and expert systems. *AI & Society*, 3(3), pp.169 - 183.

Cole, G. S.(1990). Tort liability for artificial intelligence and expert systems. *Computer Law Journal*, 10, pp.127 - 232.

Elizabeth, A. & Gray, M.(1987). Strict liability for malfunction of a medical expert system. *Proceedings of the Annual Symposium on Computer Application in Medical Care*. https://www.ncbi.nlm.nih.gov/pmc/articles/PMC2245131

Gerstner, M. E.(1993). Liability issues with artificial intelligence software. *Santa Clara Law Review*, 33, pp.239 - 269.

Gill, T. G.(1995). Early expert systems: where are they now?. *MIS Quarterly*, 19(1), pp.51 - 81.

Leonard-Barton, D. & Sviokla, J. J.(1988) Putting expert systems

to work, *Harvard Business Review,*
https://hbr.org/1988/03/putting-expert-systems-to-work

Mortimer, H.(1989). Computer-aided medicine: present and future issues of liability. *Computer Law Journal,* 9, pp.177 - 203.

Mykytyn, K., et al.(1990). Expert systems: a question of liability?, *MIS Quarterly,* 14(1), pp.27 - 42.

O'Donnell, J. S.(1990). Artificial intelligence use in the legal profession: what are its liabilities?. *Software Law Journal,* 4, pp.77 - 92.

Sviokla, J. J.(1990). An examination of the impact of expert systems on the firm: the case of XCON. *MIS Quarterly,* 14(2), pp.127 - 140.

The New York Times(1984.3.3). G.M's silicon valley stake, section D, 1.

02
AI의 기술 혁신과 규제

1980년대 말의 AI 겨울은 당대의 전문가 시스템이 개인용 컴퓨터와 워드프로세서에 비해 생산성이 떨어졌기 때문에 발생했다. 시장에서의 기술 경쟁은 형식적 유사성을 지니는 기술 사이에서만 일어나지 않고, 사회경제적으로 비슷한 효과를 내는 기술 사이에서 폭넓게 이루어진다. 따라서 신기술에 대한 규제와 거버넌스는 상용화 형태에 초점을 맞출 필요가 있다.

AI와 MBTI?

기술사와 경제사

1980년대의 전문가 시스템은 왜 시장에서 퇴출되었을까? 흔하게 제시되는 설명 중 하나는 기술적 후진성이 퇴출의 원인이었다는 것이다. 이를테면 당시에 전문가 시스템을 구현하던 기술적 기반은 극복하기 어려운 성능상 한계가 있었다는 식의 설명을 들 수 있다(백승익 외, 2016).

실제로 당대 전문가 시스템의 기술적 형식과 기반이 2020년대의 기계 학습에 비해 기술적으로 낙후된 모습을 보이는 것은 부정하기 어려운 일이다. 예를 들어 당시 전문가 시스템은 주로 전문 분야의 지식을 조건문 형태의 규칙들로 정리한 '지식 베이스' 기법에 기반을 두고 있었는데, 이는 그러한 조건문 방식의 규칙에 따라 정형화하기 어려운 분야의 지식들의 전문가 시스템 개발을 어렵게 만들었다. 한편으로 전문가 시스템은 학습으로 규칙을 탄력적 갱신을 하는 것이 아니라, 인간이 개입해 규칙을 갱신해야 했으므로 상황과 조건의 변화에 신속히 대처하기 어려웠다. 또한 그때에 인간이 말하는 자연어를 처리하는 기술은 초보 수준이었으므로, 전문가 시스템은 이용자가 구사하는 자연어를 적절한 입력값으로 전환하는 데 어려움을 겪었다(Rhines, 1985).

그러나 이는 기술의 발전이라는 기술사 측면에만 오롯이 집중하는 AI 연구자와 개발사들의 역사 서술에서 흔히 나타나는 서술상의 착시에 가깝다. 당대 전문가 시스템이 오늘날의 기계 학습과 경쟁을 벌이다 시장에서 퇴출된 것이 아니기 때문이다.

상용화가 정체된 분야의 기술 연구자들은 종종 그들이 처한 어려움을 기술 발전의 정체에서 찾아내는 모습을 보인다. 자신들이 연구하는 분야의 기술은 이론적으로 더욱 큰 성과를 낼 수 있지만, 아직 발전이 더뎌서 상용화가 정체를 겪는 것이므로, 기술이 더 발전하면 더 쉽게 상용화를 이뤄낼 수 있으니, 더 많은 연구 자금을 지원해 달라는 셈이다.

그러나 시장에서의 기술 경쟁은 특정 분야에서 과거와 미래의 기술이 경쟁하는 것이 아니라, 동시대에 시장에 존재하는 다양한 분야의 기술들이 제한 없이 경쟁을 벌이는 것에 가깝다. 마찬가지로 기술적 우월성이 성공을 담보하는 것은 아니듯 기술적 한계가 반드시 실패로 이어지는 것도 아니다.

전문가 시스템의 경쟁자

1980년대에 개발업체 테크놀리지(Teknowledge)를 세

웠던 에드워드 파이겐바움(Edward A. Feigenbaum) 교수는 당대 전문가 시스템의 상업적 성취가 기술자들의 기여뿐만 아니라 신기술을 비즈니스의 주류로 편입시키려는 기업가들의 노력이 있었기 때문에 가능했던 사건임을 회고록에서 강조하고 있다. 기술이 완벽해서 시장에서 성공하는 것이 아니라, 부족한 기술이라도 비용에 맞는 쓸모를 찾으면 상용화에 성공할 수 있다는 것이다(Feigenbaum, 1992).

기업가들은 AI 기술의 도입이 당대의 다른 기술들에 비해 저렴한 가격에 노동 생산성을 개선할 것이라고 기대했다. 그 기대가 깨졌기 때문에 1980년대의 전문가 시스템은 시장에서 실패했고 AI 겨울이라는 AI 산업의 암흑기가 도래했다.

전문가 시스템을 필두로 한 1980년대의 AI 기술을 시장에서 몰아내고 그 자리에 들어온 것은 사무용 컴퓨터와 워드프로세서의 약진이었다(Haigh, 2006). 1980년대의 AI 기술은 개개의 노동자에게 사무용 컴퓨터를 보급하고 인터넷 검색 엔진과 사무용 워드프로세서를 가르치는 것보다 덜 효과적이었기 때문에 시장에서 퇴출되어 버린 셈이다.

달리 말하자면, 1980년대의 전문가 시스템은 AI 기술이라는 특별한 형식적 카테고리에 포함되는 기술들만을 대상으로 경쟁을 벌이고 있었던 것이 아니라, 사무자동화 기술이라는 넓은 의미의 사회경제적 카테고리에 포함되는 다양한 기술들과 경쟁을 벌이고 있었다고 할 수 있다.

기술의 흥망과 규제의 관계

우리는 혁신 기술의 발전이 투자 부족이나 법제도의 미비로 저해된다는 주장을 종종 접한다. 그러나 기술을 개발하는 회사나 연구자가 그런 불만을 제기한다고 해서 그것이 언제나 타당한 것은 아니다. 1980년대의 AI 겨울은 단지 투자가 부족해서 온 것이 아니며, 당시에 AI 거버넌스라 부를 수 있는 종합적 규범 체계는 존재하지도 않았다.

상당수 신기술들은 현존하는 다른 기술에 비해 덜 효율적이기 때문에 그 혁신적 성격에도 시장에서 퇴출되고 몰락한다. 그러므로 신기술의 형식 측면에만 주목해 오로지 그 형식에 해당하는 기술만을 대상으로 투자 정책이나 규제 거버넌스를 수립하는 것이 항상 효과적인 정책이 되기는 어렵다.

예를 들어 전문가 시스템이 책임 공백을 발생시킬지

도 모른다는 1980년대의 우려가 실제로 당대에 포괄적인 AI 규제법의 도입으로 이어졌다면, 그 규제 법안은 효과적인 거버넌스로 기능했을까? 물론 AI 거버넌스를 수립해야 한다는 사회적 요청이, AI를 시장에서 퇴출하려는 의도에서 제기되는 주장은 아닐 것이다. 그러나 아이러니하게도, 오히려 그 거버넌스는 사무자동화 기술이라는 더 넓은 카테고리 안에서 AI 기술이라 분류되어 더 많은 규제에 노출되며 비용 상승의 압력을 받는 전문가 시스템들의 퇴출을 가속화하고, 동시에 그 빈자리에 AI 기술이라 분류되지 않는 워드프로세서 등의 다른 사무자동화 기술들이 진입하는 흐름을 키웠을 것이다.

AI 기술의 카테고리

AI 거버넌스의 수립 과정에서 기술의 사회경제적 측면에 관심을 기울여야 하는 이유가 여기에 있다. 대부분 사람들은 시장에서 특정 기술 그 자체를 원해 구매하는 것이 아니라 그 기술이 제공할 수 있는 사회경제적 효과를 원해 구매하는 것이므로, 어떤 특정 형식의 기술 규제는 그와 유사한 사회경제적 효과를 내는 다른 기술의 대체 소비로 소비자들을 이끌 가능성이 상당하다.

따라서 책임 공백을 메우기 위해 AI로 분류되는 기술

들의 제조업자에게 무한히 책임을 추궁해야 한다거나 현대형 소송의 특례 등을 AI에도 폭넓게 도입해야 한다는 등, AI 개발회사를 겨냥하는 강경한 입법론들이 지닌 정책적 함의를 평가할 때는 상당히 주의를 기울일 필요가 있다. AI라는 특정 형태의 기술만을 대상으로 규제 수준을 높이는 정책을 편다면, AI라는 딱지를 붙여 마케팅되는 상품들이 시장에서 사라지고, 결과적으로는 근사하게 출범한 거버넌스가 규제할 대상을 잃고 방황하는 사태가 발생할 수 있다.

그렇다면 오늘날 AI 기술은 어떤 사회경제적 카테고리에 속해 있는가? 1980년대의 전문가 시스템 AI가 사무자동화라는 물결의 일부였듯이, 사실 모든 AI 기술은 인간과 노동의 관계를 재정의하는 '자동화(automation)'라는 사회경제적 카테고리의 일부를 이루고 있다. 그런데 자동화라는 개념의 대중적 이해는 종종 AI 기술이 인간을 대체한다는 묘사에 붙잡혀 있다. 이는 일종의 실체화된 자율적 로봇이 산업 현장에 들어와 인간 노동자의 자리를 대신한다는 러다이트(Luddite) 운동과 같은 지극히 고전적 관념에 영향을 받은 생각으로, AI와 책임 논의를 또 다른 혼란에 빠뜨리고 있는바 이를 비판적으로 살펴볼 필요가 있다.

참고문헌

백승익 외(2016). 인공지능과 사회의 변화. ≪정보화정책≫, 23(4), 3-23쪽.

Feigenbaum, E. A.(1992). A personal view of expert systems: looking back and looking ahead, *Expert Systems with Applications*, 5, pp.193-201.

Haigh, T.(2006). Remembering the office of the future: the origins of word processing and office automation, *IEEE Annals of the History of Computing*, 28(4), pp.6-31.

Rhines, W.(1985). Artificial intelligence : out of the lab and into business. *The Journal of Business Strategy*, 6(1), pp.50-57

03
자동화의 노동경제학과 책임

AI에 대한 묘사는 종종 기술이 노동을 '대체'한다는 노동경제학적 표현을 문자 그대로 받아들여, 어떤 인간 노동자가 AI 기술로 그대로 대체되는 것이라는 오해로 이어지기도 한다. 그러나 이러한 오해는 책임 공백에 대한 과장된 우려를 부추길 뿐이다.
AI 기술의 사회경제적 효과로서 '자동화'란 노동을 대체하는 것이 아니라 생산 방식 자체를 변화시키는 것이다.

AI와 난임 극복?

대량 실업이라는 공포

AI의 발전이 불러일으키는 대중적 공포에는 책임 공백뿐만 아니라 대량 실업이라는 관념이 존재하고 있다. AI 또는 자동화 기술은 인간 노동을 '대체(replace)'하므로, 그보다 못한 생산성을 지닌 노동자들을 대규모 실직으로 내몰아 사회 위기가 초래될 것이라는 걱정이다(Prettner & Bloom, 2020). 이처럼 대량 실업이라는 담론에서 AI와 자동화는 사실상 같은 관념으로 쓰이는데, 이는 AI라는 기술이 사회경제적 측면에서 인간의 노동과 결합하는 방식이 바로 자동화이기 때문이다.

그러나 흥미롭게도 공학 측면에서 AI나 자동화에 내린 개념정의에는 '대체'라는 관념이 들어 있지 않다. 예를 들어 인간공학 분야에서 널리 알려진 자동화의 개념 정의는 '인간이 수행한 적이 있거나 또는 한 번도 수행한 적 없는 과업을 수행하는 기계'이고(Lee et al., 2017), 컴퓨터공학 분야에서 널리 알려진 AI의 개념 정의는 '최상의 결과를 내도록 행동하는, 불확실성이 있다면 기대할 수 있는 최상의 결과를 내도록 행동하는, 합리적 에이전트'다(Russell & Norvig, 2020).

AI의 정의 중 후자는 인간처럼 행동하는 존재가 AI라는 옛 튜링테스트식의 이해를 넘어, 합리적으로 행동하면 그것이 AI라는 현대적 이해에 근거를 두고 있다.

위와 같은 두 개념 정의에서 공통으로 강조되는 속성은 기계 내지는 컴퓨터 프로그램 등을 아우르는 의미의 합리적 에이전트가 미리 설정된 과업을 수행하거나 기대된 결과를 달성한다는 것일 뿐, 인간 또는 인간의 과업을 대체한다는 맥락은 특별히 언급되지 않음에 주의할 필요가 있다.

거시적 대량 실업과 미시적 자동화

AI 또는 자동화가 인간을 대체하면서 대량 실업을 초래하는 원인이라는 대중적 관념은 기술 진보가 실업을 유발할 수 있다는, 이른바 '구조적 실업'이라는 노동경제학적 개념의 영향을 받고 있다(Russell, 2019).

구조적 실업이란 기술 진보로 노동환경과 산업구조가 변화해 기업가들에게 필요한 노동이 달라졌을 때, 기존 생산방식에 맞는 노동 수요가 구조적으로 감소하는 한편 실직한 노동자들의 재교육에는 시간이 걸리므로 발생하는 종류의 실업을 의미한다. 이처럼 기술 진보라는 원인에서 실업에 이르는 과정을 직관적으로 묘사할 때 기술이 인간을 대체한다는 식의 표현이 종종 쓰이고는 한다(Borjas, 2020)

그러나 기술 진보에 따른 구조적 실업의 개념에서 기술이 노동을 대체한다는 표현은, 사회 전체를 조망하는 거시적 관점의 표현이므로, 미시적 관점에서는 상당히 잘못된 의미로 쓰일 수 있다.

이를테면 거시적 관점에서 생산요소 중 노동의 비중이 줄고 자본투자의 기술 비중이 늘었다면, 전체 생산요소 중 노동이 차지하던 만큼의 비중을 기술이 대체했다고 표현할 수는 있다.

그렇지만 미시적 관점에서 일터에 AI 내지는 자동화 기술이 새롭게 도입된다는 것은, 본래의 노동환경에서 어떤 인간 노동자가 줄어든 만큼을 자동화 기술이 그대로 대체하는 개념이라고는 할 수 없다. 인간 노동자와 자동화 기술은 지닌 역량이 다르고, 다른 남아 있는 인간 노동자들이 종래의 업무를 변함없이 그대로 수행하는 것도 아니기 때문이다. 달리 말하자면, 자동화는 미시적 수준에서 인간 노동을 대체하는 것이 아니라 변화시켜 버린다(Nunes, 2021).

과자와 원화, 자동화의 이야기

자동화는 인간의 노동을 대체하는 것이 아니라 변화시켜 버린다는 논리는 다음과 같은 구체적 예시를 보면 더욱 명확해진다.

요리법이 복잡한 전통 과자를 제조하는 공장이 있고, 여기에는 분당 10개씩의 과자를 손수 구워 내는 노동자 철수와 영희가 있다고 가정해 보자. 그 공장에 분당 200개씩 과자를 구워내는 기계가 새로 도입되어 철수가 실직하고, 영희의 직무가 기계를 점검 · 관리하는 동시에 기계가 만든 과자를 검수하는 작업으로 바뀌었다면, 새로운 기계는 철수를 '대체'한 것일까? 실직한 철수의 입장에서는 그 기계가 자신을 대체한 것처럼 느낄 수도 있겠지만, 엄밀히 철수에게는 분당 200개씩 과자를 만들 수 있는 능력이 없다.

보다 정확한 표현은 과자를 만드는 종래의 제조 공정 자체가 기계의 투입으로 변화해 버렸다고 설명하는 것이다. 남아 있는 노동자 영희에게 주어진 과자의 제조 공정은 이제 두 명의 노동자가 합쳐 분당 20개의 과자를 손수 굽는 과업이 아니라, 분당 200개를 찍어 내는 새로운 기계가 문제없이 작동하도록 관리하는 과업으로 변화한 셈이다. 심지어 그 기계는 설계에 따라서는 종전에 인간이 구워 내는 것보다 더 정확한 온도와 시간에 맞추어 과자를 구워 내 손실률을 줄이는 수준에 도달해 있을 수도 있다.

구운 과자의 비유가 다소 고루하다고 느껴진다고 하더라도, AI 기술에 대한 2020년대의 문화적 흥분이 담긴 용어로서—특정된 목표를 효율적으로 달성하는 일반 AI 기술과 달리 약간의 입력만을 바탕으로 예상치 못한 산출물을 생성해 낸다는 의미를 지닌—'생성형 AI(Generative AI)'로 사례를 바꾸어 생각해 본다고 해서 문제의 본질이 달라지는 것은 아니다.

애니메이션에 필요한 원화를 그리는 애니메이터들이 근무하는 사무실을 예시로 들어 보자. 원래 원화가 10명이 근무하며 주당 3만 장의 프레임을 직접 그려 내던 상황에서, 적절한 키워드를 입력하면 그에 맞는 그림을 생성하는 생성형 AI 기술을 도입해 똑같이 주당 3만 장을 생산해 내면서도 7명의 원화가만 근무하게 되는 상황으로 바뀌었다면, 새로 도입된 생성형 AI는 원화가 3명을 '대체'한 것일까?

실직한 원화가 3명의 입장에서는 그렇게 느껴질 수도 있겠지만, 남아 있는 원화가들이 원래 하던 작업을 그대로 변함없이 하는 상황에서 생성형 AI라는 무슨 실체화한 로봇이 번쩍하고 들어와 정확히 실직한 원화가 3명이 해내던 몫의 과업을 똑같이 수행해 내고 있는 것은 아니다. 정확히는 그 사무실에 있는 원화가들의 업무 방식 자체가 처음부터 프레임을 그리는 것에서, AI가 생성한 프레임을 더 아름답게 수정하거나 그것에 영감을 받아 더 빠르게 새로운 장면을 그려 내는 형태로 바뀌게 된 것이다. 그리고 이 새로운 환경에서 생성형 AI가 담당하는 과업 역시 실직한 3명의 원화가에게 주어졌던 과업과는 질적으로 다를 수밖에 없다(정해빈, 2023).

인간과 기계의 관계

AI와 대량 실업의 관계 중 오늘날 일반적으로 알려진 견해는 기술의 발전으로 거시적인 실업이 증가할 수는 있으나 그 규모는 제한적일 것이라는 것이다(정용훈 외, 2023).

이에 따르면 설령 예전보다 큰 규모의 실업이 발생하더라도 몇몇 직무는 살아남을 것이며, 오히려 AI 기술의 도입으로 사회경제적 자동화의 물결은 인간 노동자의 어떤 직무를 자동화 이전보다 더 중요하게 만들 수 있다(Benanav, 2020). 관련하여 AI와 책임의 관점에서 필요한 질문은, 과연 살아남은 직무가 자동화 이전에 인간이 수행하던 직무로부터 바뀐 것 없이 그대로 수행되는 직무냐는 점이다.

산업혁명 시대의 러다이트(Luddite) 운동 이래로 뿌리 깊게 내려온 대량 실업이라는 공포는 자율적 로봇이 책임 공백을 일으킬 것이라는 고전적 담론과 동일한 지적 바탕을 공유하고 있다. 인간 노동자 또는 인간 행위자의 자리에 AI 또는 자동화 기술이 불쑥 들어와 그 자리를 대체한다는 것이다.

궁극적으로 이 발상은 실직으로 인해 스스로가 대체되었다고 느끼는 인간 노동자의 입장에서 노동과 기술의 관계를 묘사하므로, 정작 그 일터에 남아 기술과 새롭게 상호작용을 계속 해 나가야 하는 또 다른 인간 노동자의 입장을 시야에서 놓친다. 인간이라고 부를 수 없는 AI 기술 또는 자동화 기계를 인간에 빗대어 취급하는 비유로 말미암아, 오히려 기계와 남아 있는 인간의 상호작용이라는 진정으로 중요한 AI 거버넌스의 문제에는 초점을 잃어버리고 마는 것이다.

참고문헌

정용훈 외(2023). 자동화와 고용의 관계에 대한 연구: 한국을 중심으로. ≪산업경제연구≫, 36(3), 547 – 562쪽.

정해빈(2023). 인공지능과 책임 공백에 관한 법경제학적 연구: 소비재로서 자동화 기술의 대중화가 초래하는 변화에 관한 분석을 중심으로. ≪법경제학연구≫, 20(1), 153 – 182쪽.

Benanav, A.(2020). *Automation and the future of work*, New

York: Verso. 윤종은 옮김. 『자동화와 노동의 미래』. 책세상.

Borjas, G. J.(2020). *Labor economics (8th edition).* New York: McGraw Hill. 송헌재 · 강창희 · 박철성 옮김(2021). 『노동경제학(제8판)』. 시그마프레스.

Lee, J. D., et al.(2017). *Designing for people: an introduction to human factors engineering (3rd edition).* Charleston: Createspace.

Nunes, A.(2021). Automation doesn't just create or destroy jobs. it transforms them. *Harvard Business Review.* https://hbr.org/2021/11/automation-doesnt-just-create-or-destroy-jobs-it-transforms-them

Prettner, K. & Bloom, D. E.(2020). *Automation and its macroeconomic consequences.* London: Academic Press.

Russell, S.(2019). *Human compatible: artificial intelligence and the problem of control.* New York: Viking. 이한음 옮김(2021), 『어떻게 인간과 공존하는 인공지능을 만들 것인가』. 김영사.

Russell, S. & Norvig, P.(2020). *Artificial intelligence: a modern approach (4th edition).* Pearson. 류광 옮김(2021). 『인공지능: 현대적 접근방식 1』. 제이펍.

04
자동화의 인간공학과 책임

산업현장에서 자동화 기술의 도입에 따른 사고를 방지하기 위해 설계, 교육, 감독 등 여러 단계에 걸쳐 축적되어 온 인간공학의 연구 성과들은, 책임에 관한 AI 거버넌스의 설계에 다채로운 영감을 불러일으킨다. AI 관련 사고의 위험은 기술적 측면에만 존재하는 것이 아니며, 이용자의 측면이나 이용자와 기술의 상호작용 구조에서도 유래될 수 있다.

AI와 사주?

남아 있는 노동자

AI 또는 자동화 기술의 도입에도 실직하지 않고 일터에 계속 남아 있는 노동자에게는 무슨 일이 일어날까? 자동화란 단지 원래 인간이 수행하던 몇몇 작업을 기계가 대신하도록 바꾸는 변화일 뿐이므로, 남아 있는 노동자는 원래 하던 일을 그대로 계속하면 되는 것일까?

과거의 인간공학자들은 그런 견해를 지니고 있었다. 그들은 작업 과정 전체를 세부 과제로 나누어 촘촘하게 목록을 작성한 다음, 그중 자동화에 적합한 직무는 자동화 기술이 맡도록 대체하고, 자동화에 적합하지 않은 직무는 인간이 계속 맡도록 구분해 효율적으로 생산성을 개선할 수 있다고 보았다(Kantowitz & Campbell, 1996). 그러나 자동화 기술이 도입된 후 발생한 많은 산업 사고 사례들을 연구하는 과정에서, 인간공학자들은 그러한 방식의 접근이 산업사고를 예방하지 못하고 오히려 조장할 수 있음을 알게 되었다(Wickens, et al., 2013).

기존의 작업 과정을 변화시키지 않은 채 단순히 인간의 몫과 자동화 기술의 몫으로 나누어 재배치하는 방식은 본래 인간과 인간 사이에서 이루어지던 소통을 인간과 기계의 상호작용이 완전하게 대체하지 못한다는 점을 간과하게 한다. 일정한 직무의 자동화에 특화한 설계를 지닌 자동화 기술은, 평범한 인간 노동자라면 당연히 지니고 있는, 다른 인간 노동자와의 일상적 협업 능력을 결여하고 있기 때문이다.

기존의 인간 노동자 중 일부를 내쫓은 자리에 자동화 기술을 대신 투입하면, 쫓겨나지 않고 현장에 남아 계속 일하는 인간 노동자는 이제 예전의 인간 동료가 아니라 그곳에 새로 들어온 자동화 기계와 상호작용을 해야 하는 상황에 놓이게 된다. 그러나 대부분 기계는 인간처럼 행동하는 상상 속의 자율적 로봇이 아니라 단지 전문 분야에 특화된 설계를 지닌 존재에 지나지 않으므로, 충분한 고민 없이 도입된 기계와 인간 사이의 상호작용은 심각한 마찰과 혼란을 일으킬 수 있다.

예를 들어 자동화 기술이 인간 노동자에게 주기적으로 충분한 자극을 주지 않으면, 자동화에 지나치게 익숙해진 노동자들은 기계가 오작동을 일으키는 비상 상황에서도 기계를 과도하게 신뢰해 적절한 대처를 해태할 수 있다. 반대로 이러한 현상은 자동화 기술이 인간 노동자에게 너무 자주 자극을 준 나머지 인간 노동자들이 신호에 둔감해지는 심리 상태가 나타나는 상황에도 마찬가지로 발생할 수 있다. 이러한 문제는 인간공학, 산업

공학 또는 공학심리 분야에서 과의존성, 과잉의존(overreliance) 내지는 과신, 과잉 신뢰(overtrust)의 문제라고 불린다(Lee & Seppelt, 2012).

한편으로 자동화 기술이 인간 노동자에게 평소 보내던 신호와는 다른 익숙하지 않은 방식의 신호를 갑작스럽게 보내면, 노동자들이 놀라 과잉 대응하는 등의 오판을 일으켜 더욱 큰 사고를 유발할 수 있다. 자동화 놀람(automation surprise)이라고도 불리는 이 현상은 오토파일럿(Autopilot) 기능을 이용하는 항공기 조종사들의 사례를 중심으로 연구되어 왔다(Dehais et al., 2015).

따라서 오늘날 인간공학자들은 자동화가 기존 작업 과정을 그대로 둔 채 과제 일부를 수행하는 주체만을 인간에서 기계로 바꾸는 과정이 아니라, 작업 과정 전반을 재구성하는 과정으로써 인간과 기계 사이의 상호작용을 면밀히 검토해야 한다는 견해를 제시한다.

이에 따른 해결책은 크게 두 갈래로 나뉜다. 첫째는 자동화 기술을 기획하고 설계하는 단계부터 안전 측면에서 기계가 인간과 상호작용하는 방식을 적극적으로 고민하는 것이고, 둘째는 현장에서 그 기술을 이용하는 인간 노동자에게 새로이 도입된 기술의 자세한 이용 방법과 주의 사항 등 변화한 작업환경 교육을 강화하는 것이다.

AI 위험의 원천

자동화 기술과 산업 사고에 관한 인간공학의 연구 성과들은 책임에 관한 AI 거버넌스의 설계에서 사고 예방 측면에 다채로운 영감을 불러일으킨다.

자동화 기술 도입 후 일터에서 산업 사고 위험의 원천은 오작동이나 설계상 결함 등 기술적 측면의 요소에서만 유래하는 것이 아니라, 자동화 기술을 이용하는 인간의 착오, 태만이나 실수 등 이용자 관련 요소에서도 발생할 수 있다. 심지어 인간 이용자에게 아무런 실수가 없고 자동화 기술 역시 오작동이나 내재한 결함이 없어도 둘 사이의 상호작용 방식이 잘못 고안돼 구조적 차원에서 사고위험을 유발할 수도 있다.

이처럼 사고 발생 위험의 원천이 기술적 측면에만 한정되어 있지 않다는 것은 책임에 관한 AI 거버넌스 역시 위험의 원천을 다방면으로 폭넓게 살펴볼 때 사고 예방이라는 목표를 제대로 달성할 수 있음을 시사한다.

이를테면 책임 공백의 근거를 AI의 자율성에서 찾는 견해는 인간을 기준으로 AI를 판단해, 자율적 로봇을 아예 인간처럼 취급해 버리므로 인간이 아닌 존재와 인간의 상호작용에서 발생할 수 있는 특유의 문제를 간과하게 만든다. 그러나 AI 로봇을 의인화해 사람처럼 여기게 만드는 상호작용 형태는 과잉 신뢰의 위험을 더욱 강화할 수 있는 주된 원인 중 하나다.

한편 책임 공백의 근거를 AI의 복잡성에서 찾는 견해 역시 AI 제조업체가 책임에서 벗어나지 못하게 방지해야 한다는 문제의식 아래 주로 사고 발생 후 피해자의 구제 방안에만 집중하게 되는데, 이는 인간 노동자를 또 다른 위험의 원천이 아닌 피해자의 일종으로만 여기게 만든다.

그러나 과잉 신뢰의 문제는 이용자의 심리 측면이나 이용자와 기술의 상호작용 구조 그 자체에서 유래하는 요소로, AI 기술 측면에서 설계를 개선하는 것만으로는 완전히 해소할 수 없는 문제다. 따라서 과잉 신뢰가 초래하는 사고 위험을 효과적으로 제어하기 위해서는, 이용자들의 행동을 신중히 유도할 수 있게 책임 관련 법제도를 재편하고 그들의 기술 문해력을 높이는 방향으로 교육을 강화하는 등 인간공학을 넘어 간학문적 관점에서 해결책을 강구할 필요가 있다(Aroyo et al., 2021).

오늘날 유럽연합 인공지능법 등 새로이 등장하는 AI 거버넌스들에서는 제조업자뿐만 아니라 AI를 '운용

(operate)'하는 행위자의 책임까지 고찰의 범위가 넓어지고 있다(Buiten, et al., 2023), 이는 이용자 측면이 AI 사고에서 위험의 원천이 될 수 있다는 고려를 어느 정도 반영한 것으로 볼 수 있다.

다만 운용자 개념을 중심으로 하는 유럽의 논의들은 여전히 AI를 적극적으로 통제하여 편익을 누리고자 하는 이용자의 모습에 초점이 맞춰져 있다는 점에서 아쉬움이 있다. 우리가 지금까지 살펴본 것처럼, 이용자 측면에서의 위험 요소는 이용자가 악의적으로 기술을 남용하거나 적극적으로 오용하는 맥락에서만 나타나는 것이 아니라, 이를 과도하게 신뢰하고 의존하는 탓에 권한이 있음에도 제대로 통제를 하지 않는 소극적 맥락에서 나타날 가능성이 있기 때문이다(Kostick-Quenet & Gerke, 2022).

산업 현장에서 일상생활로

그렇지만 산업 현장에서 사고를 방지하기 위해 자동화 기술을 연구하는 인간공학자들의 연구 결과를 AI와 책임에 전면적으로 응용하기는 어렵지 않을까? 산업 현장에서의 자동화 기술과 오늘날의 ChatGPT 등의 AI는 사회경제적으로 상당히 다른 맥락을 지니고 있지 않은가?

예를 들어 이용자들의 기술 문해력을 높이기 위해 교육을 강화한다는 것은 AI의 맥락에서 다소 어색한 해결책이 되지 않을까? 이미지 생성형 AI를 쓰려면 법정 교육을 의무로 이수해야만 한다는 식의 규제는 지나친 기본권 제약이 아니겠는가?

이런 질문들은 너무나도 당연하며, 동시에 책임법제에 관련된 우리 시대의 AI 거버넌스 논의가 표류하는 또 다른 원인을 자연스럽게 드러내는 질문이라 할 수 있다. 이제 자동화 내지 AI 기술의 영역은 숙련된 노동자들의 이용을 전제로 생산 과정에 도입되는 특별한 주문 제작 기술뿐만 아니라, 전혀 숙련되지 않고 아무런 교육도 받은 적 없는 일반인들이 일상생활에서 널리 소비하는 대중화한 기술로 넓어지고 있기 때문이다.

참고문헌

Aroyo, A. M. et al.(2021). Overtrusting robots: setting a research agenda to mitigate overtrust in automation. *Paladyn, Journal of Behavioral Robotics*, 12(1), pp.423 – 436.

Butien, M., et al.(2023). The law and economics of AI liability. *Computer Law & Security Review*, 48, 105794.

Dehais, F., et al.(2015). "Automation Surprise" in aviation: real-time solutions. *Proceedings of the 33rd annual ACM conference on Human Factors in Computing Systems.*

https://dl.acm.org/doi/10.1145/2702123.2702521

Kantowitz, B. H. & Campbell, J. L.(1996). Pilot workload and flightdeck automation. Parasuraman, R. & Mouloua, M. eds. *Automation and human performance: theory and applications*, Boca Raton: CRC Press.

Kostick-Quenet, K. M. & Gerke, S.(2022). AI in the hands of imperfect users. *npj Digital Medicine*, 5, 197.

Lee, J. D. & Seppelt, B. D.(2012). Human factors and ergonomics in automation design. Salvendy, G. eds. *Handbook of human factors and ergonomics (4th edition)*, New Jersey: John Wiley & Sons, Inc.

Wickens, C. D., et al.(2013). *Engineering psychology and human performance (4th edition)*. London: Psychology Press. 곽호완 외 옮김(2017). 『공학심리와 인간수행(제4판)』. 시그마프레스.

05
노동, 여가, AI와 책임

오늘날 범용 기술로서 AI는, 사용법 훈련을 받는 노동자들이 산업 현장에서 쓰는 기술을 넘어, 별달리 훈련을 받지 않은 일반인들이 일상생활에서 쓰는 기술로 성격이 확대되고 있다. 통제된 현장을 넘어 자유로운 일상으로 이용 환경이 바뀌면서 위험의 폭이 넓어졌음에도, 오히려 이를 다루어야 할 이용자들의 숙련도는 낮아진 것이다.

AI와 아이돌?

AI의 대중화

오늘날 AI 기술의 상용화 형태에서 주목할 만한 사실은, 과거에 비해 비전문적 일반인 이용자가 늘어났다는 것이다. 이는 자연어 처리 기술이 고도화하고 인터페이스 설계가 개선되면서 일반인들이 복잡한 장치에 적응할 필요 없이 AI를 활용할 수 있게 되었다는 점에 기인한다(Janssen et al., 2019). 이 사회경제적 차이는 AI와 책임 논의에서 간단하면서도 중요한 시사점을 제시한다.

우리가 자동화 기술이라 분류할 수 있는 존재들은 1980년대에 전문가 시스템이 상용화하기 이전부터 산업 현장의 곳곳에 널리 퍼져 있었으며 오늘날까지도 계속 유지되고 있다. 그럼에도 이 기술들은 사회적으로 책임 공백의 공론화로 이어지지 못했던 반면, 전문가 시스템은 약 10년 동안 잠깐의 상업적 번영을 구가했음에도 책임 공백이라는 과장된 우려를 불러일으켰다. 자율주행 자동차는 항공기 오토파일럿(Autopilot)이나 선박의 자동 항해에 비해 상용화의 역사가 지극히 짧음에도 아예 책임 공백의 우려를 상징하는 대표적 논제가 되었다.

이러한 사회적 반응의 차이는 같은 기술적 형식을 지닌 자동화 내지는 AI 기술이라도, 그것을 누가 어떻게 소비하는지를 결정하는 상용화 형태에 따라 잠재된 위험의 크기와 방향이 달라진다는 사실을 간접적으로 드러낸다. AI 기술에 통제할 수 없는 자율성과 복잡성이 담겨 있기 때문에 위험하고 책임 공백이 우려되는 것이라기보다, 사실은 통제가 가능함에도 별다른 교육과 훈련을 받지 않아서 유사시에 적절히 기술을 통제할 능력이 없는 일반인들이 덜컥 그 기술을 자유롭게 사용해 위험이 증폭되고 책임 공백이 우려되는 것이다.

산업재와 소비재의 이분법

훈련받지 않은 소비자가 AI 기술을 이용해 초래되는 위험은 세 가지 경로로 증폭된다.

첫째는 기술의 공급자들이 소비자를 훈련시킬 유인이 적다는 것이고, 둘째는 기술의 공급자들이 소비자들에게 제품을 과대광고할 유인이 크다는 것이며, 셋째는 그 기술의 이용으로 발생할 수 있는 사회적 피해 규모가 상당히 클 수 있음에도 소비자들은 이를 충분히 배상할 능력이 결여되어 있다는 것이다.

이해를 돕기 위해 훈련받지 않은 일반인이 일상생활에서 AI 기술을 이용하는 경우를 훈련된 노동자가 산업현장에서 AI 기술을 이용하는 경우와 도식적으로 비교해 보자.

산업 현장에서 쓰이는 생산재로서 자동화 기술의 주요 고객은 기업이다. 생산성을 극대화하려는 기업들은 자신들이 구입한 자동화 기술이 문제없이 생산 과정에 적용되게 노동자들을 교육하고 훈련시키며, 이 과정에서 자동화 기술 제작업자들에게 도움을 받을 수 있다. 이러한 구조에서는 새로 도입된 자동화 기술을 작동시키다 예기치 못한 사고가 나더라도 책임 공백이 발생할 가능성을 상상하기 어렵다.

생산재로서 자동화 기술의 제작업자와 고객은 모두 기업으로서 서로 상의를 거치면서 기술을 도입했을 것이고, 공급자들은 거래 신용을 유지하기 위해 고객에게 매뉴얼과 유의 사항을 가능한 상세히 전달했을 것이다. 이를 전달 받은 고객은 생산성을 개선하기 위해 매뉴얼과 유의 사항이 매우 복잡하더라도 적절한 비용과 시간을 들여 기술을 사용할 실무자들을 훈련시켰을 것이다. 특히 교육, 인사 등의 분야에 쓰이는 AI 기술이 데이터를 기반으로 하는 기계 학습으로 구현되었다면, 훈련에 쓰인 데이터는 개인 정보 보호의 대상이 되어 일반에 공개되기가 어려우므로, 대중을 위해 대량 생산되는 공산품보다는 특정 기업을 위해 맞춰진 주문 계약 형태로 이루어질 가능성이 높다(Delaborde, et al., 2016).

반면 일상생활에서 쓰이는 소비재로서 자동화 기술의 고객은 일반인이다. 따라서 AI 기술 제품의 이용법 중 가급적 반드시 교육되어야 하는 주의 사항이 있더라도, 만약 기술의 공급자가 일반인 소비자들에게 이런저런 주의 사항을 사전에 교육하려 한다면, 고객들은 이용 방법을 습득하는 데 시간을 투자하는 것 자체를 비용으로 느껴 그 제품의 소비를 꺼릴 것이다. 소비자가 설명서나 유의 사항을 꼼꼼히 읽지 않고 대충 이용하더라도 알아서 문제없이 잘 작동하게 만드는 것이 소비재 분야의 경쟁력이기 때문이다. 따라서 기술의 공급자들은 소비자를 훈련시키기보다, 훈련 받지 않은 소비자라도 문제없이 이용할 수 있는 방향으로 제품의 설계를 최적화하는 데 노력하게 된다.

그러나 여기에는 또 다른 방향의 압력이 있다. 기술의 공급자가 제품의 이용 중 발생할 수 있는 잠재적 위험을 줄이기 위해 소비자들에게 자신들의 제품이 해낼 수 있는 역량이 제한적이라고 광고하고 실제로도 그 역량을 제한한다면, 이는 그다지 매력적이지 않은 제품으로 역시 판매량이 떨어질 것이기 때문이다. 따라서 기술의 공급자들은 자신들이 공급하는 제품의 한계점을 최대한 숨기고, 제한된 조건에서만 작동하는 기능을 마치 언제

어디서나 가능한 기능처럼 부풀려 광고할 우려가 있다. 따라서 소비자들이 이를 순순히 믿고 무방비하게 그 AI 기술 제품을 이용하게 하는 것은 사고 발생 가능성을 높일 우려가 있다. 소비자의 미숙련은 공급자의 과대광고와 맞물려 자동화 기술에 과의존성 내지 과잉 신뢰의 문제를 증폭시킬 수 있는 것이다.

다시 말해 소비재로서 AI 기술은 소비자가 지닌 역량이 미숙함에도, 소비자가 광고 등으로 기술에 기대하는 바는 높은데, 그럼에도 그 사이의 간극을 의무 교육이나 훈련 등으로 메우려는 유인은, 기술의 공급자와 소비자 모두에게 없다는 구조적 문제를 겪게 된다. 이는 제품의 이용에 따른 사회적 위험을 높인다. 심지어 소비자들은 사고가 발생해도 상당수는 자산이 부족해 기업에 비해 충분히 배상을 하지 못하므로 자신이 배상하고 감당할 수 있는 정도에 비해 더욱 큰 위험을 초래할 수 있다.

도식적 이분법의 의의

그렇다면 이 문제를 해결하기 위해 '소비재로서 AI 기술'을 대상으로 의무적 교육의 실시나 광고 규제, 배상책임보험 의무가입 등 정책을 실시할 수는 있지 않을까? 범용 기술로서 AI를 상용화 형태에 따라 분류를 나누어 규제하는 것은 지극히 어려운 일이므로 그러한 발상의 현실성은 높지 않다. 산업재로서 만들어진 자동화 기술이라도 훈련받지 않은 일반인 소비자가 이를 어떻게든 구해 이용한다면, 소비자가 숙련되지 않았기 때문에 발생하는 종류의 위험은 똑같이 존재하기 때문이다. 따라서 둘을 구분하는 것은 관념상으로만 가능할 뿐 현실에는 이행하기 어려운 규제일 가능성이 높다(김성호, 2019).

소비재와 산업재를 도식적으로 나누어 규제하자는 정책의 비현실성은 AI 기술의 공급자를 일정한 범위로 한정하기 어렵다는 점에도 기인한다. 전기, 항공 등 현대적 범용 기술들은 대부분 물리적 실체가 있으므로, 여전히 3D프린터 등 가내 제조 기술이 고도화하지 않은 상황에서 일반인들이 이를 직접 제조하고 판매와 유통을 하는 것에는 상당한 어려움이 따른다. 그러나 현대의 AI 기술은 기본적으로 소프트웨어로서, 제작과 배포·판매에 물리적 장애물이 거의 없다.

그럼에도 이 도식적 이분법은 AI 기술이 대중적으로 상용화되고 있는 우리 시대에 숙련되지 않은 이용자가 초래하는 과잉 신뢰 또는 과잉의존의 문제가 얼마나 해결하기 어려운 문제를 야기하는지를 잘 보여 준다(Mosier & Skitka, 1996).

"AI를 사용할 때 주의를 계속 기울이시기 바랍니다"라는 식의 공익광고를 열심히 전개하거나 과장광고를 더욱 열심히 단속하자는 정도의 단순한 소비자 보호 규제 논리로는 산업 발전과 사고 예방 사이에서 적절한 균형을 찾기가 어려울 가능성이 높다. 이를 감안할 때 균형 잡힌 AI 거버넌스를 수립하기 위한 간학문적 접근의 필요성은 더욱 높아진다.

참고문헌

김성호(2019). 인공지능과 불법행위책임. ≪입법과 정책≫, 11(1), 265 – 284쪽.

Delaborde, A., et al.(2016). Liability specification in robotics: ethical and legal transversal regards. ETHI–CA2 2016: ETHics In Corpus Collection, Annotation & Application Workshop Programme. https://www.researchgate.net/publication/305032941

Janssen, C. P., et al.(2019). History and future of human–automation interaction. *International Journal of Human–Computer Studies,* 131, pp.99 – 107.

Mosier, K. L. & Skitka, L. J.(1996). Human decision makers and automated decision aids: made for each other?. Parasuraman, R. & Mouloua, M. eds. *Automation and human performance: theory and applications,* Boca Raton: CRC Press.

06
AI의 이용자, 소비자와 책임

AI는 생산성을 늘리기도 하지만, 여가를 늘리기도 한다. 여가를 늘리려고 AI를 이용하는 사람들은, AI 기술의 작동 과정을 조금이라도 관리하는 것으로 잠재적 사고를 방지할 가능성이 크게 높아진다고 할지라도 그러한 행동에 나설 가능성이 낮다. 그들의 목표는 일을 더 잘하는 것이 아니라, 일을 줄이고 더 많이 쉬는 것이기 때문이다.

AI와 야구?

최소비용 회피자의 원리

근대적 책임법제는 사후적 보상과 사전적 예방의 두 가지 이념으로 지도된다. 그런데 둘 중 전자에 해당하는 사후적 보상은 고대 로마법으로 거슬러 올라가는 대단히 긴 역사를 지닌 반면, 후자에 해당하는 사전적 예방이 본격적으로 책임법제 주제의 하나로 올라선 것은 비교적 한참이 지난 근대에 들어서야 일어났다. 이 변화에는 영미법상 옛 판례법들을 경제학적 원리에 따라 체계적으로 재해석해 현대적 법 원리로 부활시킨 기초법학이자 응용경제학으로서 '법경제학'이 존재한다.

법경제학의 관점에서 책임법이 지녀야 할 목표는 사고로 발생하는 사회적 비용의 총합을 최소화하는 것이다. 사고로 피해자가 입는 직접적 피해뿐만 아니라, 가해자가 스스로 입은 피해, 이를 사후 판정하고 보상하는 데 드는 행정적 비용, 그리고 당사자들이 잠재적으로 발생할지도 모르는 사고를 회피하고 예방하며 혹시라도 발생할 수 있는 피해를 최소화하기 위해 평상시 스스로 지출하는 비용을 종합적으로 고려해 그 총합이 가장 낮은 수준으로 사회 구성원들의 행동을 유도할 수 있게 법제도가 기능해야 한다는 것이다(Shavell, 2004).

이러한 법경제학의 구상은, 완전히 예방할 수는 없지

만 당사자들의 노력으로 발생 확률과 빈도를 감축할 수 있는, 사고로 인한 사회적 비용을 관련 당사자 중 가장 적은 비용으로 사고를 회피할 수 있는 사람에게 부담시켜야 한다는 이른바 '최소비용 회피자'의 원리를 탄생시켰다. 이는 오늘날 과실책임의 분배를 둘러싼 민사적 판단에 폭넓은 영향을 끼쳤다.

예를 들어 형식적으로 가해자와 피해자를 구분해 피해자의 과실이 큰 경우에도 언제나 가해자에게 일차로 책임을 묻던 옛 책임법상의 원칙은, 법경제학이 등장하기 이전에도 피해자의 과실이 크다면 쌍방 과실이 상계된다고 보아 형식적 가해자라도 과실이 적은 자에게는 책임을 덜 묻거나 묻지 않는 방향으로 점차 변해 왔다. 그러나 이러한 변화가 어떻게 정당화될 수 있는지를 명쾌하게 설명하는 법원리가 등장하지는 못했는데, 이를 해결한 것이 법경제학의 최소비용 회피자 원리다.

최소비용 회피자 원리는 오늘날에도 실정법이나 판례가 없고 사고 발생 원인에 여러 당사자의 기여가 있어 가해자와 피해자가 명확히 구분되지 않는 새로운 분야에서 발생하는 책임법적 갈등을 해결하는 주된 원칙으로 자리 잡고 있다.

쉬고 싶은 사람

그러나 최소비용 회피자 원리는 당사자들이 사고 방지에 협력할 공동의 유인이 있다는 것을 기초 전제로 두고 있다. 따라서 어떤 당사자가 사고 방지에 협력할 아무런 유인이 없거나, 심지어 사고 방지에 필요한 조치를 적극적으로 해태하려는 유인이 있다면 최소비용 회피자의 원리는 적용되기 어렵다(Stearns et al., 2018). 그런데 어떤 이용자들은 바로 그런 경우에 해당할 수 있다.

예를 들어 2013년에 구글은 자율주행 자동차의 이용자들을 신뢰하기 어렵다는 사실을 발견했다. 당시 구글이 시행한 자율주행 기술의 상용화 실험에 참여한 일반인 참가자들은, 그 기술이 고속도로에서만 정상으로 작동할 뿐 시내 주행에서는 정상 작동을 담보하기 어려우므로 시내에서는 운전에 주의를 기울여야 한다는 사실을 실험을 시작하기 전에 명확히 경고 받았다. 그럼에도 불구하고 많은 참가자들은 시내를 포함한 아무 곳에서나 자율주행 기술을 작동한 뒤 아예 운전대를 놓은 채 스마트폰을 가지고 놀거나 뒷좌석에 누워 버리는 모습을 보였다(Davies, 2022).

구글의 실험 참가자들이 특별히 이상한 행태를 보인 것이라고 생각하기는 어렵다. 소비자들은 세탁기나 자율주행 자동차 등의 자동화 기술을 노동, 특히 빨래나 운전 등 가사노동에서 해방되어 여가를 즐기기 위해 구매하는 것이지, 그런 가사노동을 더 열심히 생산적으로 수행하거나, 자동화 기술이 탑재된 제품들이 작동하는 공간에 눈을 부릅뜨고 상주하면서 사고가 발생하지 않을지를 치열하게 감독하려고 구매하는 것이 아니기 때문이다. 가사노동을 줄이고 여가를 늘리기 위해 이용한 자동화 기술이 작동 중 사고를 일으킨다고 해서, 앞으로 그 기술이 사고를 일으키지 않게 작동 중 관리 · 감독을 하라는 주의 의무를 소비자에게 지운다면, 대체 누가 그 자동화 기술을 구매하겠는가?

이처럼 자동화 기술의 이용자 상당수가 사고 방지에 협조할 유인이 없다는 것은 독특한 시사점을 제시한다. 그러나 여기서 문제는, 자동화 기술의 이용자가 사고 방지에 나설 수 있는 훈련을 받고 숙련된 역량이 있음에도 쉬고 싶다는 일념으로 AI 기술의 작동에 관심을 끄고 방치하는 경우가 존재할 수 있으며, 이처럼 여가를 추구하는 유인 구조는 생각보다도 많은 이용자들에게 발생할 수 있다는 것이다. 이는 AI 제품에 아무리 자세하고 복잡한 설명서나 경고 문구를 붙여도 사고 위험이 쉽사리 줄어들기는 어려울 것이라는 점을 강력하게 시사한다.

뒷좌석에 앉은 이용자

위에서 살펴본 두 갈래의 가능성은, AI 관련 사고에서 개발 회사 또는 제조업체가 기술의 복잡성 등을 빌미로 부당하게 책임에서 벗어나지 못하도록 일종의 무과실 책임을 정책적으로 인정해야 한다는 견해들에 어떤 문제점이 있는지를 잘 보여 준다. 어떤 AI 기술은 작동 과정 중 이용자의 협력을 염두에 두는 방식으로 설계되어 있을 수 있다. 그렇다면 그러한 형태로 상용화된 AI를 포함해 발생하는 모든 사고에서 제조업체에게 일방적으로 일차적 책임을 부담시키는 것은 AI 기술의 이용자에게 잘못된 인센티브를 줄 가능성이 높다. 제조업체에게 일차적 책임만을 부담시키고, 사후에 이용자의 잘못이 사고의 원인이었음이 드러나면 이용자에게 이차적으로 책임을 추궁할 수도 있겠지만, 이는 상당한 시간이 소요될 것이므로, 오히려 이용자가 일차적 책임을 제조업체에게 '부당하게' 전가해 버림으로써 사실상 책임에서 벗어나는 상황을 유발할 수 있는 것이다. 이러한 구도는 책임제도가 오히려 이용자에 의한 사고 유발을 조장하는 결과로도 이어질 수 있다.

뒷좌석에 앉아 쉬고 싶은 AI 이용자들의 존재는, 궁극적으로 AI와 책임의 문제를 정확하게 논의하려면 AI 기술이 각각 상용화되는 개별적인 맥락을 구체적으로 살피는 작업이 선행될 필요가 있음을 강력하게 시사한다. 인간과 AI 기술이 상호작용하는 구조에 대한 면밀한 분석을 건너뛴 채로 단순히 뭉뚱그려 'AI의 책임', '제조업자의 책임', 또는 '이용자의 책임' 등을 거칠게 포섭하는 방식의 논의는, 다양하게 상용화된 AI 이용 방식의 각기 다른 실제를 포착하지 못한 채 상상 속의 추상화된 어떤 단일한 AI 개념만을 전제한 상태에서 규범적 결론을 도출하게 되므로, 오히려 현실을 왜곡하는 비현실적 규제로 이어질 가능성이 큰 것이다. 구시대적인 책임 공백 담론들이 'AI의 오작동'으로 발생하는 사고에서의 책임 분배 문제를 풀이하는 과제에만 유달리 몰두하는 현상은 이와 같은 맥락에서 더욱 비판적으로 다룰 필요가 있다.

참고문헌

Davies, A.(2022). *Driven: the race to create the autonomous car (paperback edition).* New York: Simon & Schuster Paperbacks.

Shavell, S.(2004). *Foundations of economic analysis of law.* Cambridge: The Belknap Press of Harvard University Press.

Stearns, M. L., et al.(2018). *Law and economics: private and public, Saint Paul.* Minnesota: West Academic Publishing.

07
책임 공백 담론의 재검토

그릇된 방향의 인간 행동에 제재를 가함으로써 사회적 최적을 달성하는 것은 책임법제가 본래 가장 잘 해낼 수 있는 분야다. 그러나 책임에 관한 AI 거버넌스를 둘러싼 논의는, 책임 공백이라는 흥미롭지만 시대착오적 수수께끼에 너무 오래 몰두한 나머지, 원래 가장 잘 해낼 수 있었던 분야에 대한 시의적절한 논의를 놓쳐 버리고 있다.

AI와 윤동주?

책임 공백 담론의 사각지대

우리는 책임 공백이라는 오래된 담론에 대한 비판적 문제의식을 중심으로, AI 관련 사고에서 오로지 AI 기술만을 위험의 원천으로 취급하는 관점을 넘어 인간 이용자와 AI 사이의 상호작용에 구체적 관심을 기울여야 하는 필요성을 다양한 각도에서 조망해 보았다. 한편으로 우리는 지금까지 책임이라는 단어를 사용하면서 민사와 형사 등 법학의 분과별 책임을 의도적으로 구분하지 않았는데, 이는 우리가 지금까지 살펴본 책임 공백 담론의 문제점들의 상당수는 각각의 법학 분과별로 존재하는 고유한 제도들을 해석하는 과정에서 발생하는 어려움이 아니라, 책임 공백이라는 문제의식을 설정하는 전제 자체가 공상적으로 뒤틀려있다는 점으로부터 초래되는 결과이기 때문이다(신동일 · 김두환, 2019).

우리가 옛 책임 공백 담론을 대신해 살펴본 새로운 논리의 중심은, AI 기술을 공상과학적 관점에서 인간을 닮아 인간을 대체할 수 있는 자율적 로봇으로 여기는 것이 아니라, 사회경제적 관점에서 기존의 노동 형태와 작업 과정을 전반적으로 변화시키는 자동화 기술의 맥락에서 이해하는 데 있다.

AI 기술은 형식적으로 AI라고 분류될 수 있는 기술들

사이에서만 시장 상용화를 두고 경쟁을 벌이지 않으며, 사무 또는 가사의 자동화라는 보다 넓은 경제적 관점의 기술들과 경쟁하고 있다. 그런데 자동화는 기존에 인간이 수행하던 작업 일부를 있는 그대로 대체해 수행하는 정도에 그치지 않고 인간과 기술이 결합하는 작업 과정 전체를 재구성하는 효과를 일으킨다. 따라서 AI 기술 그 자체에는 오작동이나 결함이 없어도, 인간이 기술을 이용하던 중 실수를 저지르거나, 또는 인간에게도 실수가 없고 기술에도 오작동이나 결함이 없음에도 상호작용 구조의 불협화음으로 사고가 발생할 가능성이 상당한 크기로 존재한다.

한편으로 오늘날 AI와 자동화의 물결은 기업이 조직한 다수의 노동자와 기계들이 생산 활동을 목표로 협업하던 산업 현장을 벗어나, 개별 소비자가 여가의 극대화 등 일률적이지 않은 다양한 목적에서 혼자 소비하는 일상생활 속으로 대중화되었다. 이에 따라 기술적 측면보다 인간 이용자의 측면 또는 이용자와 기술이 상호작용하는 구조적 측면에서 유래하는 사고 위험이 더욱 높아지고 있다.

결함과 과속

책임 공백 담론에 대한 여러 방면의 비판적 고찰에도 불구하고, AI에 잠재된 결함이 오작동을 일으켰을 때 이를 소송상 입증하기가 매우 어려울 수 있다는 문제의식만큼은 여전히 나름대로의 현실적 호소력을 지닌다.

그러나 새로운 혁신적 기술에 관한 통합적 거버넌스를 수립함에 있어서는 여러 다양한 측면의 쟁점들을 현실적 중요성의 비중에 비추어 균형 있게 다룰 필요가 있다. 어떤 문제의식이 단지 틀리지 않았다는 이유만으로, 현실적 중요성이 높은 다른 쟁점들에 비해 전체 거버넌스 논의에서 지나치게 큰 비중을 차지하는 상황이 바람직하다고 보기는 어렵다.

예를 들어 자동차 산업의 여명기에, 도로와 안전표지를 체계화하거나 무단횡단이나 과속, 음주운전을 금지해 운전자와 운전자 사이의, 또는 운전자와 보행자 사이의 상호작용을 체계화하면서 각각의 주의 의무를 구체화하는 교통법제의 수립을 제쳐놓은 채 자동차의 잠재적 결함이나 오작동에 대한 소송상 입증 특례를 도입하는 일에만 정책 결정자들이 몰두하고 있었다면, 그것이 교통사고 예방이나 산업 발전에 얼마나 의미 있는 정책이 될 수 있었을까? 실제로 자동차의 대중화가 막 꽃을

피우던 20세기 초에 규제 거버넌스가 크게 기여할 수 있었던 부분은 기술 그 자체의 결함을 규명하고 방지하는 분야가 아니라, 인간 이용자의 사회적 위험 행동을 통제하는 분야, 또는 인간과 기술 사이의 상호작용을 다루는 분야라고 할 수 있다.

이를테면 개인용 자동차가 처음 대중적 상용화를 이룬 20세기 초 미국에는 도로에 따른 운전면허 제도는 물론 체계적 속도 제한 규정 자체가 없었으므로 법률상 무엇이 부주의한 운전인지를 정의하는 '운전상의 과실' 개념 자체가 명확하지 않았다. 따라서 운전자들은 매우 높은 속도로 운전하다 교통사고를 내더라도 고속운전이 언제나 위험한 운전에 해당하는 것은 아니라는 논리를 주장해 종종 책임을 면할 수 있었다.

이러한 상황은 고속운전 그 자체가 대단히 위험한 행위라는 사회적 인식이 확산되어 일반적인 속도 제한 규정이 입법되고, 나아가 교통법규를 준수할 자격을 갖춘 사람에게만 운전을 허용하는 운전면허 제도가 도입되는 등 사회규범의 종합적 변동을 거치며 20세기 중반에 이르러서야 해결될 수 있었다(Norton, 2011).

고속운전이 본래는 일반적으로 금지된 행동도 아니었고 법률상 부주의한 행동이라고 일관되게 해석되지도 않았으나, 사회적 인식의 변화에 따라 금지 규정이 도입되며 교통사고를 일으키는 과실로 해석되도록 바뀌었다는 사례는 AI 거버넌스를 둘러싼 논의에 중요한 영감을 제시한다.

오늘날에도 AI와 책임에 관련된 법리적 쟁점 중 하나는 인간이 AI를 사용하다 의도치 않게 사고가 발생했다면 인간에게 과실을 물을 수 없다는 논의가 있다. AI는 인간보다 현저히 뛰어난 존재이므로 누구도 AI가 사고를 일으킬 가능성을 상상하기 어렵고, 따라서 AI의 결함 또는 오작동으로 사고가 발생했더라도 이를 방지하지 않은 것에 대해 이용자는 과실 책임을 지지 않는다는 것이다(Reed, 2018).

이 논리는 옛 책임 공백 담론의 사례처럼, AI는 인간보다 뛰어난 존재라는 개념 정의에서 사실상 곧바로 결론이 도출되는 구시대적 논변의 전형에 해당하지만, 논리적으로 완전히 그릇된 주장은 아니다 보니 2010년대까지도 공론장에서 계속 모습을 드러냈다. 과속운전과 운전상 과실 개념의 관계에서 살펴볼 수 있듯이, 이용자가 각 상황에서 어떻게 행동해야 하는지 구체적 주의 의무가 법리적으로 정립되어 있지 않다면, AI 관련 사고가 발생하더라도 이용자의 주의 의무 위반을 곧바로 인정하기는 어려워지기 때문이다.

그러나 AI 기술에서 사고 위험은 기술적 결함이나 오작동뿐만 아니라 이용자의 부주의 또는 이용자와 AI 사이의 상호작용에서도 유래할 수 있음을 감안할 때, 옛 책임 공백 담론에 터 잡은 잘못된 사회적 이해로 인해 AI 관련 사고에서 이용자가 사실상 언제나 제한 없이 면책을 주장할 수 있도록 하는 규범적 혼란 상태를 방치하는 것은, AI 거버넌스가 반드시 피해야 할 또 다른, 어쩌면 훨씬 우려스러운 상황이 아닐 수 없다.

참고문헌

신동일 · 김두환(2019). 인공지능과 법체계 – 전자인격론의 모순과 정보권한과의 갈등을 중심으로 –, ≪강원법학≫, 57, 463 – 514쪽.

Norton, P. D.(2011). *Fighting traffic: the dawn of the motor age in the American city.* Cambridge: The MIT Press

Reed, C.(2018). How should we regulate artificial intelligence?. Philosophical Transactions of the Royal Society A: Mathematical, *Physical and Engineering Sciences,* 376(2128), pp.1 – 12.

08
안전 규제와 범용 기술

오늘날의 AI는 규격화하지 않은 비정형의 업무를 해내도록 발전했다. 그러나 비정형의 업무 내용이 무엇인지 구체화하는 것은 매우 어려운 일이므로, AI 개발자와 소비자는 기술의 가능한 업무적 역량이 어디까지인지 인식의 불일치를 일으킬 수밖에 없다. 이 불일치는 인간과 AI의 상호작용 구조에서 사고를 유발하는 위험의 원인이 된다.

AI와 한의학?

AI 이용자의 역할

설계상 결함 등 기술적 측면의 요소가 아니라 이용자 또는 이용자와 기술의 상호작용 측면의 요소로 발생하는 AI 관련 사고는 AI 거버넌스에서 어떻게 다뤄져야 하는가?

이 질문에 답하기 위해 넘어야 하는 가장 까다로운 난관은 AI 이용자가 지켜야 할 주의 의무를 일반화하기가 매우 어렵다는 것이다. AI는 범용 기술이므로 최종적으로 구현되는 방식에 따라 매우 다른 모습을 보일 수 있기 때문이다. AI의 이용자는 작동 과정에 지속적으로 관여해야 할 수도 있고, 오히려 지시만을 내린 뒤 작동 중에는 물러나 뒷좌석에 가만히 있어야 할 수도 있다. 작동 중 이용자의 관여가 필요하다고 해도, 구체적으로 관여해야 할 내용이 무엇인지는 역시 개별 사례마다 달라질 수 있다.

그러나 각 개별 사례 안에서 이용자의 주의 의무를 판단하기가 쉬운 것도 아니다. AI 기술이 해낼 수 있는 업무가 고도화하고 다양해질수록, 이를 상용화해 생산 · 소비하는 과정에서, 기술의 제작자와 소비자는 AI로 구현하려는 업무가 구체적으로 무엇인지 불일치를 겪을 수밖에 없다. 이러한 상호작용의 혼란은 오늘날 상용화한 AI의 소비에서 발생하는 위험의 구조적 원인이 된다.

역량과 한계, 그리고 불일치

바둑판 위에서 바둑돌을 내려놓는 바둑기사의 역할과 달리, 도로에서 운전자의 역할이 무엇인지 각 상황에 따라 구체적으로 정의하는 것은 어려운 일이다. 한정된 환경과 제약된 규칙 아래의 행동, 그리고 우승이라는 뚜렷한 목표로 역할과 과업을 조작적으로 정의하기 쉬운 바둑기사와 달리, 운전자의 업무 환경은 끊임없이 변화하고 행동 역시 모든 경우의 규칙이 설정되어 있지 않으며, 목표 또한 운송 과제의 달성과 승객의 보호 사이에서 탄력적으로 변경될 수 있으므로 '업무상' 과업이라는 것이 무엇인지를 정의하는 완전한 일람표를 만드는 것은 불가능한 일이나 다름없다.

그러므로 당연하게도, 상용화된 AI 기술이 해낼 수 있는, 또는 해내야 할 업무 범위에 대한 생산자와 소비자의 관념이 언제나 일치하기는 어렵다. 예를 들어 자율주행 자동차 개발에서 갑자기 보행자가 걸어 나올 때 이를 피하는 것은 개발자들이 주행이라는 업무의 개념 정의에 넣을 가능성이 높다. 그러나 자동차가 같은 자리에서 현란하게 빙글빙글 회전하는 스턴트 주행 기법을 주행 업무에 넣을 개발자는 많지 않을 것이다. 하지만 어떤 소비자 입장에서 그런 스턴트 주행 기법은 주행이라는 업무에 당연히 포함되는 일부일 수도 있다.

스턴트 주행 기법을 폭우가 쏟아지는 상황의 주행 능력으로 바꿔 보면, 이 불일치는 단지 농담거리가 아니라 상용화한 AI 기술을 소비하는 과정에서 창출되는 위험과 안전에 관한 심각한 문제가 된다. 어떤 자율주행 자동차의 개발자들이 시간당 100mm 정도의 강우량까지 정상 주행하는 것을 염두에 두고 주행이라는 업무를 기술적으로 정의해 AI를 개발했다고 하자. 소비자 입장에서는 시간당 200mm의 강우 속에서도 자율주행 자동차가 작동해야 한다고 기대할 수 있다. 심지어 자율주행 자동차가 주행하던 중 갑작스레 기상 환경이 변해 시간당 300mm의 폭우가 쏟아지는데, 소비자는 그것이 자율주행 자동차의 주행 기능에 문제를 일으킬 수 있다는 사실조차 이해하지 못할 수도 있다.

이처럼 AI가 수행하는 업무에 대한 생산자의 의도와 소비자의 기대가 불일치할 때, 소비자는 생산자가 예상하지 못한 방식으로 AI를 사용해 생산자가 스스로 이미 예방했다고 생각했던 위험을 발생시킬 수 있다. 이를테면 생산자가 일정 조건에서 특정한 방법대로 AI 기술을 사용할 때 위험이 최소화되게 설계하고 그 사실을 설명서나 경고 문구 등의 표시 방법으로 또렷하게 나타냈다고 하자. 그러나 다종다양한 방법으로 일상생활에서 AI를 소비하려는 이용자들에게 그러한 경고는 종종 등한시될 가능성이 높다. 반대로, 생산자가 AI에 어떤 기능이 필요하지 않다고 보아 탑재하지 않았는데, 사실 그 기능은 소비자들에게 통상적으로 기대되던 기능에 해당했던 탓에 소비자가 나름대로 최선을 다해 조심스럽게 AI를 사용했음에도 스스로와 제3자에게 피해를 줄 수도 있다.

심지어 오늘날 상용화된 AI 기술들에서 널리 발견되는 자연어 처리 기술 기반의 인터페이스(interface)들은 AI 기술의 업무상 역량에 대한 개발자와 소비자 간 인식의 불일치 문제를 더욱 심화할 우려가 있다. 과거의 자동화 기술들은 버튼과 레버 등 물리적으로 구현된 인터페이스로 인간에게 지시를 받았으므로, 인간은 그 기술이 해낼 수 있는 역량과 한계점에 오해를 일으킬 일이 많지 않았다. 그러나 자연어 처리 기술로 규격화되지 않은 인터페이스를 구현하면, 이제 AI 기술은 소비자가 아무렇게나 내리는 명령을 어떻게든 이해해서 받아들여야 한다. 마찬가지로 자연어 처리 기술 기반의 인터페이스는 기술이 지닌 업무상 역량의 한계가 어디까지인지를 소비자 입장에서도 직관적으로 파악하기 어렵게 만든다.

해결 방안의 검토

이 쟁점에 관해 종종 제기되는 주장 중에는, AI 작동 과정에서 인간 이용자의 관여를 차단하자는 발상이 있다. 자동화의 기술 수준이 높은 자율주행 자동차에는 아예 운전대를 두지 않듯이, 인간에게서 조종간을 뺏으면 사고 위험이 줄어든다는 취지의 주장인 셈이다(Kim, 2024).

그러나 폭우 속 자율주행 자동차의 사례에서 초래된 위험은 이용자가 직접 운전대를 잡았기 때문에 발생한 것이 아니다. 이용자는 AI의 작동에 필요한 최소한의 상호작용으로서 단지 작동을 명령했을 뿐이지만, 명령의 내용이 AI가 안전히 작동할 수 있는 조건에서 벗어난 상태에서 작동할 것을 요구했기 때문에 위험이 발생한 것이다. 이처럼 AI 생산자와 이용자 사이에 존재하는 인식의 불일치는 각각이 특별히 무분별한 행동을 하지 않았음에도 구조적으로 부정적 시너지를 일으켜 사고 위험을 유발할 수 있다.

물론 제품에 대한 생산자와 소비자의 인식 불일치는 AI 분야에서만 발생하는 고유한 문제가 아니라 다른 여러 제품에서도 발생할 수 있는 문제다. 다른 제품들에서 이 문제는 두 가지 방향에서 해결책이 모색되어 왔다. 첫째는 설명서와 경고 문구 등에 소비자가 지켜야 할 사항을 뚜렷이 명시하게 유도하는 것이고, 둘째는 과장 광고를 단속하는 것이다. 생산자가 소비자에게 정확한 정보를 전하게 촉진하는 것이 전자의 정책이라면, 생산자가 소비자에게 그릇된 인식을 조장하지 않게 억제하는 것이 후자의 정책인 셈이다. 예를 들어 제조물책임법 체계에서 제조업자가 제품에 주의 사항 등을 나타내야 할 표시 의무는 전자에 해당하는 정책의 한 갈래라고 할 수 있다. 이는 AI와 책임의 문제를 해결하기 위한 정책적 대안의 하나로 취급되어 왔다(Allain, 2013).

그러나 광고 규제는 소비자의 과도한 기대 또는 과잉 신뢰를 억제하는 데에는 도움이 될 수 있겠으나, 구체적으로 소비자의 주의 의무가 무엇인지를 규정하는 일에는 도움이 되지 않는다. 또한 조작적으로 정의하기 어려울 정도로 복잡한 업무상 과업을 수행하려는 AI에게는 표시 의무 강제 역시 해결책이 되기 어렵다. 특별한 교육이나 훈련을 받지 않은 소비자를 대상으로, AI가 수행하려는 복잡한 업무에 모든 가능성을 일일이 가정해 그때마다 이용자가 지켜야 할 주의 의무의 구체적 내용을 설명서나 경고 문구에 온전히 담아내는 것은 불가능에 가까운 일일 것이기 때문이다.

참고문헌

Allain, J. S.(2013). From jeopardy to jaundice: the medical liability implications of Dr. Watson and other artificial intelligence systems. *Louisiana Law Review*, 73, pp.1049 – 1079.

Kim, J.(2024). Law and economics of artificial intelligence: optimal liability rules for accident losses caused by fully autonomous vehicles. *The Korean Economic Review*, 40(1), pp.49 – 75.

09
상용화, 안전기준, 그리고 사용 방법

자동화 기술로서 가전제품들은 상용화가 고도로 진전되며 통용되는 사용 방법에 관한 문화를 형성했다. 이는 가전제품들이 이용자와의 상호작용에서 발생하는 위험들을 용이하게 통제하고 책임을 분배할 수 있는 제도적 기초가 되어 왔다. 그러나 범용 기술로서 AI는 아직 높은 수준의 상용화를 달성하지 못했다. 이는 규범 체계에 혼란이 발생하는 원인이 되고 있다.

AI와 화장품?

상용화된 자동화 기술로서 가전제품

이용자 또는 이용자와 기술 간 상호작용 측면에서 유래되는 자동화의 위험 요소들은 사고의 전반적인 예방에 어려운 문제를 제시하는 것처럼 보인다. 하지만 사실 우리는 이 문제가 해결된 사례를 일상에서 쉽게 찾아볼 수 있다. 세탁기 등 가전제품이 그에 해당한다.

세탁기는 가사노동 분야의 전형적 자동화 기술이다. 세탁기 도입 이후 빨래라는 가사노동은 빨래판에 세탁물을 문질러 얼룩을 지우는 행위가 아니라, 세탁기에 세탁물을 넣고 세제를 투입한 뒤 적절한 세탁 프로그램을 선택해 가동하는 행위로 바뀌었다. 그런데 자동화 기술로서 세탁기는 책임 공백이나 사고 예방에서 별다른 문제로 여겨지지 않는다.

소비재로서 자동화 기술에 해당하는 세탁기가 아무런 문제없이 일상생활에 파고든 배경에는 사실 우리가 세탁이라는 구체적 업무를 어떻게 정의하는지에 관심이 없고 오로지 세탁물과 세제를 투입한 다음 물러나서 다른 일을 하다가 세탁 결과에만 관심을 기울이는 독특한 문화가 존재한다. 세탁기 안에서 세탁물이 회전하는 속도와 횟수, 수온 등을 소수점 단위에 이르기까지 정확하게 조절할 수 있는 세탁기를 만드는 것은 어려운 일이 아니다. 그러나 소비자는 구태여 그런 세탁기를 찾지 않는다. 그렇게 시시콜콜한 지시를 내려 기계에 내장된 표준 세탁코스에 비해 더 나은 결과를 얻을 수 있을지도 의문이고, 그렇게 시간과 노력을 들여 세탁을 열심히 할 유인도 찾기 어렵기 때문이다.

그렇다면 세탁이란 무엇인가? 법적으로 세탁기의 공급업자는 각자 표준 또는 '최적 세탁 프로그램'이라는 것을 미리 정해야 할 의무를 진다. 이는 세탁기가 전기용품 및 생활용품 안전관리법상 '구조 또는 사용 방법 등으로 인해 화재 · 감전 등의 위해가 발생할 우려가 크다고 인정되는 전기용품으로서 안전 인증을 통해 그 위해를 방지할 수 있다고 인정'되는 안전 인증 대상 제품에 해당하기 때문이다. 다시 말해, 오늘날 가전제품들은 제품이 달성하려는 본래 기능, 즉 업무상 역량을 안전기준의 일부로서 편성하고 있다. 이는 가전제품이라는 자동화 기술을 다루는 규범체계 안에서, 이용자 및 이용자와 기술 간의 상호작용 측면에서 유래하는 위험요소를 차단하는 방식이 얼마나 유기적으로 짜여 있는지를 보여 준다.

어떤 제품의 상용화가 고도로 진전되어 기능과 한계나 사용 방법이 무엇인지 일반인들이 대강은 알고 있을 정도로 사회적으로 통용되는 문화의 단계에 이르면, 이용자들은 이제 설명서를 자세하게 읽지 않더라도 대강의 사용 방법을 이해하므로, 사용 방법에 대한 훈련이 부족하다는 문제가 발생하지 않는다. 전자레인지에 스티로폼 그릇을 돌릴 수 없다거나, 세탁기에 철물을 세척하지 말아야 한다는 등의 지식은 이제 특별히 설명서를 읽어야만 알 수 있는 지식이 아니라 일반인의 상식으로 여겨지게 되는 것이다.

사용 방법이 상식으로 취급받는 문화의 지위에 오른 가전제품들은 지속적 미증유의 기능 혁신이 필요하지 않다. 어떤 스티로폼이라도 문제없이 돌릴 수 있는 전자레인지나, 철물까지 세척할 수 있는 가정용 세탁기를 원하는 수요는 실체화가 어렵기 때문이다. 따라서 이들은 비슷한 사용 방법을 유지하며 편의와 효율만이 지속적으로 개선될 뿐 기능상 한계가 돌파되지 않고, 그 대신 기능적 역량이 오히려 안전기준의 일부로 편입되어 고착하는 모습을 보인다. 제조물책임법 제3조의2 제1호가 결함의 입증 책임에 대한 특례를 인정해 주는 조건으로 제품이 '정상적으로 사용되는 상태'에서 사고가 발생했다는 사실을 요구하고 있는 것 역시 같은 맥락에서 관찰되는 제도의 한 단면이라고 할 수 있다. 이처럼 사회적으로 통용되는 사용 방법을 형성할 정도로 제품의 상용화가 충분히 진행되는 것은, 생산자와 소비자의 인식 불일치 문제를 효과적으로 해결하는 방법이라고 할 수 있다.

그러나 오늘날의 AI에는 바로 이 '사회적으로 통용되는 사용 방법'이 없다는 점이 문제다. 예를 들어 자율주행 자동차는 무엇을 하는 장치일까? 여객 또는 화물운송을 최적화하는 장치인가? 운전이 미숙한 미성년자라도 오프로드에서 탐험을 즐길 수 있게 도와주는 장치인가? 혹은 현란한 스턴트 주행 기법이나 레이싱 묘기를 보여주기 위한 장치인가? 도대체 ChatGPT는 무엇을 하는 소프트웨어일까? 이를 단정적으로 정하기는 어려우므로, 기술은 정형화된 상용화 형태를 찾지 못한 채 계속 혁신적으로 발전하고, 이에 따라 이용자들은 끊임없이 기술을 시험하며 이용 방법을 새로이 바꿔 나간다. 이 거듭되는 변동 과정 속에 안정적으로 고착화한 안전기준은 등장할 방법이 없다(정해빈, 2023).

AI의 상용화

오늘날 2020년대에 AI 기술은 1980년대 이후의 긴 겨울을 벗어나 막 상용화의 첫 발을 내딛고 있다. 하지만 대부분은 고유한 수익구조를 제시하지 못한 채 이용량을 제한하는 형태로 연산에 드는 비용을 메우고 있을 뿐이다(The Economist, 2024).

따라서 AI 기술들은 소비자에게 구체적으로 전달하려는 효용이 무엇인지 별다른 정의가 되어 있지 않으며, 정의를 내리기도 쉽지 않으므로, 가전제품처럼 잠재적 안전상의 위험과 효용 사이에서 행정당국이 사전에 균형이 잡힌 규제를 실시하는 것도 대단히 어려운 일일 수밖에 없다.

이는 AI라는 존재가 범용 AI나 강 인공지능 같은 수준으로 충분히 기술적 발전을 성취하지 못했기 때문이 아니라, 아직 상용화 수준이 충분히 고도화하지 않아 사회경제적 이용 형태에 상당한 범용성이 있는 범용 기술에 머무른다는 점에 기인한다. 세탁기에 탑재된 표준 세탁 프로그램처럼 표준 자율주행 프로그램이나 표준 이미지 생성 프로그램의 구체적 내용을 안전기준의 일부로 규정하려 한다면, 과연 그것이 무엇인지 지금으로서는 분명히 규정하기 어려운데, AI가 무슨 효용을 어떤 형태로 제공하는지 사회적으로 뚜렷하게 인식하는 상용화 형태를 찾아보기 어렵기 때문이다(Yang, et al., 2021).

그럼에도 책임 공백 담론으로 대표되는 AI와 책임에 관한 종래의 논의들은 마치 AI를 자율적 로봇이라고 보아 인간이 하던 업무를 그대로 대체하는 것처럼 전제하고 논의를 전개해 왔는데, 이는 본래 인간이 하던 업무 상당수의 내용이 명확히 정의되어 있지 않을 뿐만 아니라 새로운 AI 기술에 통용되는 사용 방법이 무엇인지조차 정의되어 있지 않다는 중대한 논리적 허점을 조용히 건너뛰게끔 했다.

예를 들어 우리는 운전이나 인사 업무란 것이 무엇인지 일반적으로 정의할 수 없으므로, 운전을 하는 AI라거나 인사 업무를 하는 AI가 응당 상식적으로 지니고 있을 만한 기능적 역량과 한계, 그리고 통용되는 정상적 사용 방법이 무엇인지를 알 수 없다.

AI는 인간의 기존 노동을 그대로 대체하기만 하는 것이 아니므로, 인간 운전사나 채용 업무 담당자에게 이런저런 일을 시키던 '상식'은 AI 사용 방법을 결정하는 준거 기준이 될 수 없는 반면, 현재로서는 자율주행 자동차나 인사 업무 알고리즘이 보편적으로 상용화되지 않았으므로 통용되는 정상적 사용 방법을 정의할 수 있는 척도로서 문화적 상식 또한 아직은 존재하지 않는 셈이기 때문이다.

그러므로 가전제품에서 찾아볼 수 있는 안전기준 중심의 규범 체계는, 운전을 하는 자율주행 자동차나 채용 업무를 진행하는 AI 알고리즘에서 책임을 논하는 단계에 이르면 기반을 잃고 공중에 붕 뜨는 모습을 보일 수밖에 없다. 대중화된 자동화 기술로서의 가전제품들에 있어 제조 회사와 이용자, 그리고 규제당국 사이의 간극을 유기적으로 이어 주는 연결고리는 기술의 사용방법에 대한 문화적 상식이었는데, 범용 기술로서의 AI에는 아직 그러한 문화적 상식이 존재하지 않으므로 간극을 메울 방법도 없는 것이다.

참고문헌

정해빈(2023). 인공지능과 책임 공백에 관한 법경제학적 연구: 소비재로서 자동화 기술의 대중화가 초래하는 변화에 관한 분석을 중심으로. ≪법경제학연구≫, 20(1), 153 - 182쪽.

Yang, J., et al.(2021). How to appropriate value from general-purpose technology by applying open innovation. *California Management Review*, 64(3), pp.24 - 48.

The Economist(2024.7.2.). A sequence of zeros: what happened to the artificial-intelligence revolution?, July 6th 2024 print edition, Finance & economics section.

10
AI 거버넌스의 방향

혁신 기술을 시장에 상용화하는 작업은 정부가 주도하기 어려운 일이다. 상용화의 성공 여부가 확실하지 않은 상황에서 무리하게 규제를 도입하는 것은 상용화와 혁신을 모두 좌초시킬 위험이 있다. 따라서 상용화를 간접적으로 촉진하는 연성 규제들을 활성화하는 것이 보다 현실적인 정책일 수 있다. AI와 책임에 대한 거버넌스 역시 이러한 맥락에서 접근할 필요가 있다.

종교와 AI?

혁신과 상용화

상용화가 고도로 진전된다는 것은 기술의 파괴적 혁신이 안정 단계에 접어든다는 뜻이다. 첨단 기술에 능숙한 마니아들은 파괴적인 혁신을 계속 쫓아갈 수 있지만, 일반인들은 그것을 매번 쫓아가며 새로운 사용 방법을 익히고 응용하기 어렵다. 혁신 기술을 출시하는 기업 역시 언제까지나 무한하게 혁신을 거듭할 수는 없는 노릇이므로, 언젠가는 효과적으로 수익을 거둘 수 있는 상용화 방법을 찾아 시장에 출시하게 된다. 이 상용화 시도가 성공을 거두어 혁신 기술이 하나의 제품 또는 제품군으로서 대중적 소비자들 사이에서 안착하게 되면, 그때에 비로소 그 제품의 사회적 통용 사용 방법이 생겨나고, 이를 대상으로 하는 안전기준 도입 환경이 자연스럽게 조성된다. 반면 상용화 시도가 실패하면 기술은 더욱 뛰어난 혁신이 도래하기 전까지 연구실로 돌아가 연구 개발의 대상이 된다.

마찬가지로 AI 기술에 기반을 둔 제품들의 상용화가 충분하게 진행되기 전까지는 AI 관련 사고에서 책임법제가 맡을 수 있는 역할이란 제한적일 수밖에 없다. 이를 뛰어넘어 규제당국이 스스로 일정한 기술적 기초를 바탕으로 상용화 형태를 정의하고 규범 체계를 세우려는 것은 문화적 상식에 기반을 둔 규제가 아니라 아예 문화적 상식을 창조하려는 지나치게 대담한 시도로 현실성에 강한 의문이 들 수밖에 없다. 그러한 규제들은 여전히 파괴적 혁신 단계에 있는 기술을 억지로 주저앉힌 다음 특정 방향의 상용화를 강제하는 셈이므로, 아직 충분히 성숙하지 않은 기술의 혁신을 좌초시키고 상용화까지도 실패하게 만드는 원인이 될 수 있다. AI 거버넌스가 추구해야 할 중요한 가치 중 하나는 특정한 기술 형식에 구애받지 않는 기술중립성에 있음을 유의해야 한다(정종구 · 이선구, 2024).

보다 현실적이고 의미 있는 시도는 상용화 과정 자체를 간접적으로 촉진하는 정책이다. 예를 들어 산업계의 자율적 연성 규범을 촉진해 AI 상용화 형태의 미래 방향을 사회적으로 여러 주체들이 참여하여 함께 모색해 나가는 것은 우리 시대에 의미 있는 해결책이 될 수 있다(고학수 외, 2020). AI 기술의 다양한 상용화 형태와 그 이용방법에 대한 문화적 상식을 국가가 억지로 창조해낼 수는 없지만, 상용화가 진행되고 그에 따른 문화적인 상식이 형성되는 과정이 민간 사회에서 원활히 이루어지도록 촉진하고 장려하는 간접적인 역할은 국가가 해낼 수 있다. 이것이 AI 규제체계가 아니라 AI 거버넌스라는 이름으로 우리가 지금까지 논의를 진행해 온 이유라면 이유일 것이다.

자동차 회사와 운송 회사

그렇다면 AI의 상용화를 국가가 어떻게 간접적으로 촉진할 수 있을까? 이에 대해서는 지극히 조심스러운 접근이 필요하다는 점을 거듭 강조할 수밖에 없다. 이해를 돕기 위해 AI의 상용화가 택할 수 있는 한 가지 가능성을 짚어보도록 하자.

우리가 지금까지 진행해 온 논의의 가장 깊숙한 곳에는 AI의 상용화를 소프트웨어 패키지나 자율주행 자동차 독립 제품으로 이해하는 오래된 전제가 숨어 있다.

제품은 매매 계약으로 제조 회사를 떠나 유통 회사를 거쳐 소비자의 손에 들어온다. 따라서 소비자가 제품을 이용하려 할 때, 제조 회사는 그 이용 형태에 직접 관여할 방법이 없다. 이는 제조물 책임이라는 책임 법제가 현대형 소송에서 등장한 법리적 배경을 이룬다. 전통적 법리 구조상 최종 소비자는 제조 회사와 어떤 형태의 계약도 맺지 않았으므로 소비자는 제조 회사에게 무슨 계약상 책임을 추궁할 수 없다. 그렇다고 해서 제조회사에게 제조 또는 설계나 표시를 잘못했다는 등의 이유로 항상 계약 외의 책임, 즉 불법행위 책임을 지우는 것도 해석상 난해한 일이다. 이러한 어려움을 해결하기 위해 '제조물'로 분류되는 제품에 제조, 설계 또는 표시상 결함이 존재한다면, 소비자가 제조 회사는 물론 유통 회사 등에도 폭넓게 책임을 물을 수 있게 만든 것이 '제조물책임법'이다.

그러나 오늘날 여러 AI 기술의 개발 회사들은 인터넷으로 최종 소비자와 연결되어 직접 구독 계약을 맺으며 이용 중에 꾸준하게 소비자와 소통한다. 이는 AI를 굳이 제품이나 제조물로 해석하는 전제에서만 논의를 진행할 필요가 없음을 드러낸다. 실질적으로 소비자들은 AI 그 자체를 하나의 제품으로서 소비하는 것이 아니라, AI 기술에 바탕을 두고 기업이 제공하는 서비스를 소비하는 것이다. 이러한 형태의 소비 구조는 책임법적 측면에서 사고 예방과 피해 회복에 상당한 장점이 있다.

이 새로운 구조에서 소비자들은 AI 제품을 구입하는 것이 아니라 특정 업무를 수행하는 서비스 그 자체를 제공하는 기업과 서비스 계약을 맺는 관계에 놓인다. 단지 서비스의 상당 부분이 AI 기술 중심으로 제공될 뿐이다.

이에 따르면 AI 관련 사고 발생 시, 소비자는 AI의 기술적 결함으로 피해를 입었다는 제조물 책임을 추궁하는 것이 아니라, 계약 수준에 맞는 서비스를 제공받지 못한 채 부수적으로 피해를 입었다는 계약 책임상의 논리에 근거해 피해를 배상받을 수 있다. 나아가 이용자들이 계약을 맺은 상대방은 AI라는 불분명한 존재가 아니라 인간으로 이루어진 서비스 기업이므로, 이용자들은 AI의 구체적 역량이나 한계를 스스로 파악할 필요가 없고, 인터페이스를 통해 지시가 원만하게 전달되었는지를 의심할 필요도 없다.

그렇지만 서비스 계약 중심의 새로운 상용화 구조는 AI 개발 회사들에게 가늠하기 어려울 정도의 비용을 부담시킬 가능성이 크다. 단순히 제품을 상용화해 시장에 출시하는 것과 달리, 이는 사실상 개발회사에 AI 적용 분야의 업무를 수행하는 업체로 재탄생할 것을 요구하는 셈이기 때문이다. 만약 그 개발 회사가 자신들이 연구하는 AI의 적용 분야에 운영되고 있는 기존 업체보다 경쟁력이 있다고 판단된다면 이와 같은 형태의 변화도 불가능하지는 않을 것이다. 하지만 모든 회사에게 이러한 형태의 변화를 요구하기는 어렵다.

단지 검색 엔진이나 챗봇처럼 AI 기술과 대화한다는 의미에서 서비스 기업을 운영하는 것은 개발 회사로서 역할과 크게 다를 바가 없지만, 자율주행 AI를 개발하는 회사와 완성차 제조 회사 그리고 여객이나 화물 운송 회사는 기업의 역할에 상당한 차이가 있다. 따라서 모든 자동차 회사가 자율주행 기술을 개발한 뒤에 운송 회사로 변화할 수는 없는 노릇이다.

그럼에도 이러한 가능성을 살펴본 것은, 그만큼 기술을 시장에 내보내는 방식에는 무궁무진한 가능성이 있다는 점을 거듭 강조할 필요가 있기 때문이다. AI를 제조물 내지는 그에 준하는 어떤 제품으로만 여기며 그 제조업체들에게 과도한 규제와 책임을 추궁하는 규제 체계는, 오히려 AI 개발 회사들로 하여금 서비스 기업으로 탈바꿈하도록 압력을 가하는 아이러니한 결과를 불러일으킬 수도 있다. AI와 책임 거버넌스가 사회적으로 바람직한 방향으로 수립되기 위해서는, 책임 공백 담론이라는 오래된 상상을 벗어나 이 같은 다채로운 사회경제적 가능성들을 폭넓게 고려할 필요가 있다.

생산적 논의를 위한 기초

오늘날 미국과 유럽연합 등에서는 AI 거버넌스에서 국제적 주도권을 쟁취하기 위해 다양한 규범 체계들을 시도하고 있다. 대체로 미국이 시도하는 거버넌스는 유럽에 비해 느슨하며 기술 발전을 촉진하려는 입장을 보이는 것으로 평가된다(김광수, 2023).

이들을 살펴보는 것은 중요한 일이지만, 축자적 참조에 쫓겨 주제의 심층적인 고찰을 잃어버리는 일이 발생해서는 곤란하다. 대한민국은 정보기술 분야에 특별한 경쟁력을 지닌 국가로 국제 AI 거버넌스 수립에 주도적 역할을 맡을 만한 충분한 역량이 있다. 따라서 조금 앞선 날짜에 도입된 규범 체계가 해외에 존재한다고 해서 이를 심층적, 비판적 고찰 없이 그대로 한국에도 이식해야 한다는 주장은 납득하기 어렵다. 낙후된 법제도가 기술 혁신을 저해하는 것은 곤란하지만, 섣부르게 도입된 법제도는 오히려 별다른 위험이 없는 분야조차 과도하게 규제해 기술 혁신을 단념시키는 대못 규제로 남을 수 있다(박상철, 2024).

이 책은 그러한 불행한 사태가 발생하지 않도록, 책임 공백 담론의 비판을 중심으로 AI와 책임의 거버넌스가 바람직하게 수립되려면 반드시 고찰해야 할 심층적인 쟁점들을 살펴보았다. 이는 다음과 같은 몇 가지 문장으로 요약될 수 있을 것이다.

* AI는 사람에 빗댈 수 있는 기술이 아니라 사회경제적 자동화의 한 갈래에 가깝다.

* 자동화로서 AI는 인간 노동을 대체하는 존재가 아니

라 작업과정 자체를 변화시키는 흐름이다.

* AI 관련 사고의 발생위험은 오작동이나 결함 등 기술적 요소에서만 유래하는 것이 아니라 이용자의 부주의와 나태 또는 이용자와 AI의 상호작용 구조에서도 기인할 수 있다.

* 오늘날 자동화 기술로서의 AI는 산업현장의 계획된 과업을 벗어나 일상생활에서 대중에게 다양한 목표와 방식으로 이용되면서 이용자의 숙련도가 낮아지고 개발자와 이용자 사이의 간극이 벌어지는 문제가 심화되고 있는데, 이는 기술의 상용화 형태가 고도화되어 이용방법에 대한 사회의 문화적 상식이 갖춰질 때 비로소 해소될 수 있다.

* 그러나 국가가 상용화 방식을 주도적으로 결정하기는 어려우므로, 국가의 역할은 상용화를 간접적으로 촉진하는 것이다. 만약 AI의 특정한 상용화 형태에 대한 문화적 상식이 어느 정도 갖추어진다면, 그 상식에 따라 이용방법의 기준, 즉 주의 의무를 확립할 수 있게 될 것이므로 AI 관련 사고에서 책임 소재의 파악과 분배 문제가 자연스럽게 해소될 수 있을 것이다.

* 그러므로 책임 공백은 두려워할 일이 아니다. 두려워해야 할 것은, 책임 공백이라는 과장된 공포가 공론장

을 지배하는 가운데 정련되지 않은 거친 규제들이 섣부르게 도입되는 것이다. 이는 AI를 누리고 발전시킬 역량이 충분한 사회와 산업경제 전반을 침체시키는 비극적인 결과로 이어질 수 있다.

참고문헌

고학수 외(2020). 인공지능 윤리규범과 규제 거버넌스의 현황과 과제. ≪경제규제와 법≫, 13(1), 7 - 36쪽.

김광수(2023). 인공지능 알고리즘 규율을 위한 법제 동향 - 미국과 EU 인공지능법의 비교를 중심으로 - . ≪행정법연구≫, 70, 173 - 201쪽.

박상철(2024). 인공지능의 법적 규율 II: 판별모델. ≪서울대학교 법학≫, 65(2), 317 - 380쪽.

정종구 · 이선구(2024). 이루다 1.0에서 ChatGPT까지: 전환적 기술발전에 대한 법체계의 대응에 관해. ≪법학논총≫, 37(1), 297 - 339쪽.

정해빈

헌법재판소 헌법연구관이다. 서울대학교 경제학부와 법학전문대학원을 졸업하고, 동 대학원에서 법경제학 전공으로 법학 박사과정을 수료했다. 제6회 변호사시험에 합격한 뒤 공익법무관을 거쳐 수원지방검찰청 안산지청에서 검사로 근무하다 헌법재판소로 자리를 옮겼고, 서울대학교 인공지능 정책 이니셔티브(SAPI)에서 비상임연구원으로 활동하고 있다. 헌법경제학과 인공지능 정책 등이 주된 연구 분야이며, 논문으로 "인공지능과 차별"(공저, 2019), "인공지능과 시장경쟁: 데이터에 대한 규율을 중심으로"(공저, 2019) 등이 있다.